我是梅西

里奥·梅西珍藏传记

LIONEL MESSI

冯逸明 主编

北京时代华文书局

图书在版编目（CIP）数据

我是梅西 / 冯逸明主编． -- 北京 ： 北京时代华文书局，2018.12（2021.5 重印）
ISBN 978-7-5699-2782-5

Ⅰ．①我… Ⅱ．①冯… Ⅲ．①梅西－传记 Ⅳ．①K837.835.47

中国版本图书馆 CIP 数据核字（2018）第 266121 号

我是梅西
WO SHI MEIXI

主　　编｜冯逸明

出 版 人｜王训海
选题策划｜赵　雷
责任编辑｜邢　楠
特约编辑｜陆兆远
装帧设计｜牛　涛
责任印制｜刘　银　姚　春

出版发行｜北京时代华文书局 http://www.bjsdsj.com.cn
北京市东城区安定门外大街 136 号皇城国际大厦 A 座 8 楼
邮编：100011　电话：010－64267955　64267677　57735442
印　　刷｜三河市嘉科万达彩色印刷有限公司　0316－3156777
（如发现印装质量问题，请与印刷厂联系调换）
开　　本｜710mm×1000mm　1/16　印　　张｜14　字　　数｜247 千字
版　　次｜2019 年 1 月第 1 版　印　　次｜2021 年 5 月第 3 次印刷
书　　号｜ISBN 978-7-5699-2782-5
定　　价｜56.00 元

目录

LIONEL MESSI

天下无双 …… 1
里奥·梅西特别札记

梅西是谁 …… 7
梅西十大华丽特质解码
巴萨之王 / 蓝白之帅 / 突破狂人 / 射门机器 / 助攻大师 / 优质偶像 / 阿迪一哥 / 居家暖男 / 封面先生 / 史上最佳

我是梅西 …… 23
里奥·梅西全景传记

第一章
冰火阿根廷 …… 25
1. 阿根廷与足球　2. 足球与梅西

第二章
年少岁月 …… 33
1. 平凡之歌　2. 生于忧患
3. 自幼磨难　4. 初次登场
5. 家乡之礼

第三章
初历欧洲 …… 47
1. 缘定巴萨　2. 困境爆发
3. 青年才俊　4. 惊艳世界

第四章
问鼎青巅 …… 59
1. 雏鹰展翅　2. 初露峥嵘
3. 宿敌同僚　4. 巅峰对决

第五章
诺坎普之光 …… 71
1. 天才出世　2. 权杖交接
3. 红牌风波　4. 复刻传奇

第六章
雏鹰振翅 …… 85
1. 再溯阿根廷生涯　2. 首次世界杯
3. 艰难的选择　4. 奥运夺金路

第七章
王道开启 …… 99
1. 殊途同归　2. “梦二”遗产
3. 天纵奇才　4. 横扫六冠

第八章
登峰造极 …… 115
1. 极致传控　2. 世纪德比
3. 最强表演　4. 五冠封王

第九章
纪录与梦魇 …… 129
1. 瓜帅谢幕　2. 重返地球
3. 疯狂纪录　4. 逆转与无奈

第十章
王者归来 …… 145
1. 战斧降临　2. 危机与中兴
3. 最强 MSN　4. 最后的奋起

第十一章
球王的羁绊 …… 161
1. 两代球王　2. 四大金刚
3. 披荆斩棘　4. 一步之遥
5. 新帅与旧人　6. 俄罗斯之殇

第十二章
新的时代 …… 191
1. 繁忙的夏天　2. 志在千里
3. 爱归原点　4. 王者掠影

印象梅西 …… 201
里奥·梅西特别附录
梅西十大经典战
三十大战靴 …… 217
梅西历代战靴解码
梅西数据榜 / 梅西赛事进球榜 / 梅西其他数据榜
梅西纪录榜 / 梅西荣誉榜

天下

里奥·梅西特别札记

文／西贝林 3

每一个罗萨里奥男孩，都有一个用足球征服地球的梦想，不管他们出身草莽还是名门，一旦双脚踏上绿茵场，关乎国家荣耀与梦想之火的种子就已在心中埋下。他们会为此奋斗终身，志矢不渝。

那一年，里奥·梅西 5 岁，父亲豪尔赫带着他走进了绿茵场，罗萨里奥街区少年队成了这个孩子足球梦想开始的地方。皮球在小梅西脚下闪烁着别样的光芒，他永远比同龄孩子更懂得如何控制它驾驭它。即使他身材永远是队里最小的，但看过他踢球的人都深信：这个罗萨里奥男孩总有一天会震惊世界。

肯佩斯、巴蒂斯图塔、波切蒂诺的风云往事，是罗萨里奥人心中的传奇，那些带着孩子在街头驰骋的父辈，会满怀敬畏地跟儿女们讲 1978 年世界杯决赛里“独中两元”的长发飘飘的男子，讲那个在佛罗伦萨进球后“端着机枪”飞奔庆祝的“战神”，以及他们实现梦想的励志故事。

“亲爱的里奥，梦想永远不会轻易实现，你必须历经艰险，勇往直前。”这是梅西的外婆对他说的话，而这也成了梅西传奇一生的最佳写照。

11 岁那年，梅西被诊断出发育荷尔蒙缺乏，但这没有阻碍他追逐梦想的步伐。因缘际会之下，他来到了巴塞罗那，成了这座充满艺术与浪漫气息的地中海城市新的宠儿。

二十多年前，迭戈·马拉多纳曾在这里短暂停留，但他留下的只有遗憾与仇恨。如今，他的传人梅西，在巴塞罗那写就了难以超越的传奇。

无双

跳探戈的舞女、潜心绘画的艺术家和踢足球的孩子，是罗萨里奥街头永恒的风景，这里是阿根廷第三大城市，没有想象中的繁华与喧嚣，却蕴藏着无数让人心动的故事。每一个踢足球的罗萨里奥男孩，都会跟你诉说一段自己与脚下皮球的不解之缘，里奥·梅西就是其中之一。

『这是什么？该不会是地球吧？』

『这不是地球，但它可以征服地球。』

从 2003 年首次代表巴萨一线队出场至如今，15 年的时间，梅西成长为俱乐部队史第一射手，他为“红蓝军团”打进了 559 球，送出了 239 次助攻，均为队史第一。9 夺西甲冠军、4 夺欧冠冠军、5 次加冕欧洲金靴、6 次荣膺西甲最佳、5 次捧得金球奖、单个自然年打进 91 球……在梅西的荣誉陈列室里，除了世界杯冠军，他早已无所牵挂。

荣誉只是传奇的序章，而真正让梅西独步天下的，是他华丽的脚法、精湛的球技和行云流水的驾驭力，“风无声，气如止水；光无影，疾剑无痕。”当皮球在梅西脚下，就如同黑白键在莫扎特指尖迸发出的乐律那般让人陶醉。

他是足球场上唯一的精灵，是巴塞罗那球迷心中永恒的神，是罗萨里奥街头少年梦想的楷模，是阿根廷足球又爱又恨的舞者。之于“红蓝军团”，梅西无可挑剔，但之于“潘帕斯雄鹰”，梅西却饱受质疑。

如今，31 岁的梅西已经看淡了那些对他国家荣誉匮乏的指摘，他将全部热情投入到巴萨，将毕生所学倾注给绿茵，享受足球带来的快乐，比什么都重要。

冷风如刀，大地荒漠，苍天无情。

浪子已无泪，梅西世无双。

MESSI
Lionel Andrés Messi
DES CLUBS CHAMPIONS
EUROPÉENS
COUPE DE

征服天下是我的宿命，而这些荣耀只是战利品。

梅西 15 载职业生涯，荣耀满载！ 5 届金球奖、1 届世界足球先生、2 届欧洲最佳球员、5 届欧洲金靴奖、1 届世界杯金球奖、4 届欧冠冠军、9 届西甲冠军、1 届奥运金牌……此外，他还是巴萨和西甲历史双料射手王、阿根廷历史射手王，梅西在俱乐部层面已经拿到所有荣耀。

年少万兜鍪，坐断东南战未休。
天下英雄谁敌手？曹刘。

旷世

Lionel Messi

里奥·梅西

阿根廷前锋

现效力于巴萨
2004年—至今

390
西甲联赛进球
2004—2018 年

105
欧冠联赛进球
2004—2018 年

26
国家德比进球
2004—2018 年

6
世界杯进球
2006—2018 年

9
西甲联赛冠军
2004/2005 赛季
2005/2006 赛季
2008/2009 赛季
2009/2010 赛季
2010/2011 赛季
2012/2013 赛季
2014/2015 赛季
2015/2016 赛季
2017/2018 赛季

5
金球奖
2009 年、2010 年、
2011 年、2012 年、
2015 年

1
世界足球先生
2009 年

2
欧洲最佳球员
2011 年、2015 年

5
欧洲金靴
2009/2010 赛季
2011/2012 赛季
2012/2013 赛季
2016/2017 赛季
2017/2018 赛季

5
西甲最佳射手
2009/2010 赛季
2011/2012 赛季
2012/2013 赛季
2016/2017 赛季
2017/2018 赛季

8
西甲最佳球员
2008/2009 赛季
2009/2010 赛季
2010/2011 赛季
2011/2012 赛季
2012/2013 赛季
2014/2015 赛季
2016/2017 赛季
2017/2018 赛季

梅西和C罗，近十年足坛的『绝代双璧』，两人平分10座金球奖杯。2008—2018年在西甲的赛场，二人更是直接交锋，十年对决，留下29场国家德比之战以及无数经典。伟大的对手成就伟大的自己，他们彼此成就，留下一段双峰对峙的佳话。

对决

Cristiano Ronaldo
克里斯蒂亚诺·罗纳尔多
葡萄牙前锋

皇马2009—2018年
现效力尤文图斯

5
金球奖
2008年、2013年、2014年、2016年、2017年

3
世界足球先生
2008年、2016年、2017年

3
欧洲最佳球员
2014年、2016年、2017年

4
欧洲金靴
2007/2008赛季
2010/2011赛季
2013/2014赛季
2014/2015赛季

3
西甲最佳射手
2010/2011赛季
2013/2014赛季
2014/2015赛季

1
西甲最佳球员
2013/2014赛季

311
西甲联赛进球
2009—2018年

121
欧冠联赛进球
2003—2018年

18
国家德比进球
2009—2018年

7
世界杯进球
2006—2018年

2
西甲联赛冠军
2011/2012赛季
2016/2017赛季

梅西是谁

MESSI

梅西十大特质解码

1

WHO IS MESSI

梅西就是睥睨群雄的 巴萨之王

564

欧洲俱乐部总射手王

截止到 2018 年 10 月底，梅西代表巴萨在各项赛事总共进 564 球，创造球员在代表一家俱乐部（欧洲）进球最多纪录。

390

巴萨 & 西甲双料射手王

作为西甲进球最多的球员，截止到 2018 年 10 月底，梅西在 427 场联赛中总进 390 球，是西甲历史和巴萨历史双料射手王。

217

巴萨 & 西甲双料射手王

作为巴萨历史助攻王，截止到 2018 年 10 月底，梅西在各项赛事助攻 217 次，其中西甲助攻 155 次。

毋庸置疑，梅西就是诺坎普的国王，率领“红蓝军团”去征服天下，4 夺欧冠冠军，9 次西甲折桂，缔造了六冠王的伟业，开创了“梦幻宇宙队”的神话。

“君以国士待我，我必国士报之。”巴萨成就了梅西，梅西也回报巴萨一个如梦似幻的十五载巅峰岁月。

巴萨出资治愈了梅西自幼困扰其成长的“生长激素缺乏症”，后经巴萨青训锻造，16 岁的梅西和巴萨签下第一份合约，17 岁便代表“红蓝军团”出现在一线队的赛场之上，之后便是长达十五年波澜壮阔的巴萨生涯。

梅西也成为巴萨和西甲历史射手王，个人获得 5 座欧洲金靴奖，5 次夺得西甲和欧冠最佳射手，并创造多项赛事纪录，其中自然年的 91 粒进球更是前无古人。

如今，他在巴萨出场历史排名第三（649 场），巴萨也准备与梅西进行第 9 次续约，合约效力期到 2022 年，那时梅西已经 35 岁，很显然，终老巴萨，梅西可以恪守初衷、书写一人一城的旷世佳话。

65

阿根廷队历史射手王

自 2005 年入选“蓝白军团”，到 2018 年世界杯之后，梅西共为阿根廷队打进 65 粒进球。其中世界杯 6 球，美洲杯 8 球，预选赛 21 球，友谊赛 30 球。超越巴蒂斯图塔（54 球），成为“蓝白军团”射手王。

40

阿根廷队历史助攻王

自 2005 年入选“蓝白军团”，到 2018 年世界杯之后，梅西共为阿根廷队助攻 40 次，成为“蓝白军团”助攻王。

●世青赛冠军 /2005

2005 年，梅西率领阿根廷 U20 队获得荷兰世青赛冠军，他在 7 场比赛中打进 6 球，助攻 2 次。

●奥运会冠军 /2008

2008 年，梅西率领阿根廷 U23 队获得北京奥运男足金牌，他在 5 场比赛中打进 2 球，助攻 3 次。

●世界杯亚军 /2014

2014 年，梅西率领阿根廷队获得巴西世界杯亚军，他在 7 场比赛中打进 4 球，助攻 1 次。

WHO IS MESSI

梅西就是纵横天下的蓝白之帅

从2010年世界杯起，内马尔便是“蓝白军团”的新领袖，肩负着潘帕斯足球复兴的希望。2014年巴西世界杯上，梅西“独中四元”，荣膺金球奖，可惜阿根廷队决赛惜败于德国队，屈居亚军。

俄罗斯世界杯，梅西率领“蓝白军团”再次折戟沉沙，一代球王遭遇如此境遇令人唏嘘。

虽然没有率队夺得大力神杯，但梅西依旧是阿根廷队众望所归的绝对领袖，他不仅是“蓝白军团”的射手王与助攻王，同时也是如“潘帕斯雄鹰”的图腾般存在。无数次单骑救主，曾5次上演“帽子戏法”，其中3比1逆转厄瓜多尔队，率领“蓝白军团”绝境逢生，挺进俄罗斯，被视为阿根廷队的“救世主”，并留下“阿根廷欠梅西一座世界杯”这样的言论。

3

WHO IS MESSI

梅西就是过人如麻的突破狂人

梅西带球时，球仿佛黏在他的球鞋上，此外他带球速度奇快无比，在绝对速度上超过梅西的也许只有卡尼吉亚，但如果是带球跑动，估计没有人能超过梅西。

“无招胜有招，后发制人”是梅西突破的诀窍：在过人时，他能根据对手反应随时变化，凭借出众的球感、速度、爆发力和平衡能力，组合成最可怕的盘带机器。他能够在最狭小的空间里寻觅到突破的路线。此外，梅西深谙各种过人之道，并且能在快速行进中洞悉全局，传射犀利而隐蔽，拥有电光石火间一击破敌的绝技。

更为神奇的是，梅西可以在冲刺突破时不减速，依然能不断地改变路线，加之每次都是小范围的推拨球，往往让对手辨不清方向，这就是为什么梅西的突破可以如入无人之境的原因。

4.3

西甲场均过人王

从 2009 年至 2019 年 10 个赛季，在 318 场西甲比赛里，梅西场均成功过人 4.3 次，成为西甲联赛场均过人次数最多的球员。

13

QATAR
AIRWAYS
LFP
24
10
FCB

QATAR
AIRWAYS

Plus500
10

91

单一年度总进球纪录

2012 年，梅西创造自然年各项赛事总进球 91 个的新纪录。
其中包括 59 粒西甲联赛进球、13 粒欧冠联赛进球、5 粒西班牙国王杯进球、2 粒西班牙超级杯进球以及 12 粒阿根廷国家队进球。

85%

巴萨场均进球率之王

2004 年至 2019 年，14 个赛季里，梅西在各项赛事总进球率是 85%，冠绝巴萨。

4

WHO IS MESSI

梅西就是旷古绝今的 射门机器

梅西对抽射、抢射、挑射、兜射、远射乃至任意球、非惯用脚（右脚）射门等各种进攻手段无一不精，甚至对于身材不高的梅西而言，头球也被他解锁，2009 年欧冠决赛力克曼联的头球破门，便是绝佳例证。

梅西在核心区域内领球和获得射门空间的能力皆为顶级。梅西的挑射和推射都是历史顶级，他是极少数能够把推射脚法运用在常规远射当中的球员。

另外，在过门将破门的能力上，除了罗纳尔多和巴乔之外，历史上很难有人与他比肩。

梅西对射门角度的追求达到极致，几乎都是奔死角去的，梅西的射门精度之高，放到足球历史级别上都令人叹为观止。

5

WHO IS MESSI

梅西就是妙到毫巅的
助攻大师

梅西拥有完美的足球意识，在高速带球行进中，能机警地捕捉到对方防线上的漏洞，并立刻做出攻击。所有人都知道梅西进球如拾草芥，事实上，梅西的传球水平也是神鬼莫测，他的传球稳准狠，机具穿透力，看似沉闷的局面，他都能以一脚精妙的分球，直插对手腹地，从而打破场上的均衡，如今领跑西甲历史助攻王，梅西传球能力可见一斑。

梅西善于和队友做配合，他强大的阅读比赛的能力体现在他带球时的选择，如果突破感觉不对，梅西会启动“哈维模式”，给队友传出致命助攻。2010/2011 赛季，身为前锋的梅西却有 25 次助攻，这一数据可以很好地说明他传球的精准。

值得一提的是，梅西传出的极具隐蔽威胁和合理性助攻也很多，而大多是因为接球者缺少了比肩梅西的领悟力，对他高深传球理解不够以及自身能力问题，从而把握不住机会罢了。

6

WHO IS MESSI

梅西就是怀柔兼济的
优质偶像

怀柔，胸怀悲天悯人的慈善之心，兼济，典故名，典出《庄子·列御寇》，指使天下民众、万物咸受惠益。

梅西一直都在参与针对弱势儿童的慈善活动，正是因为梅西小时候患有“生长激素缺乏症”，经过大量金钱与时间才最终治愈，因此他有着切身的感受。

自 2004 年以来，梅西就为联合国儿童基金会贡献着自己的力量。2010 年 3 月，梅西被任命为联合国儿童基金会亲善大使，2013 年 11 月，在蒂亚戈的第一个生日时，梅西还带着儿子一同参加宣传活动。2007 年梅西就成立自己的慈善基金会，主要负责儿童的医疗保健、教育和体育运动。

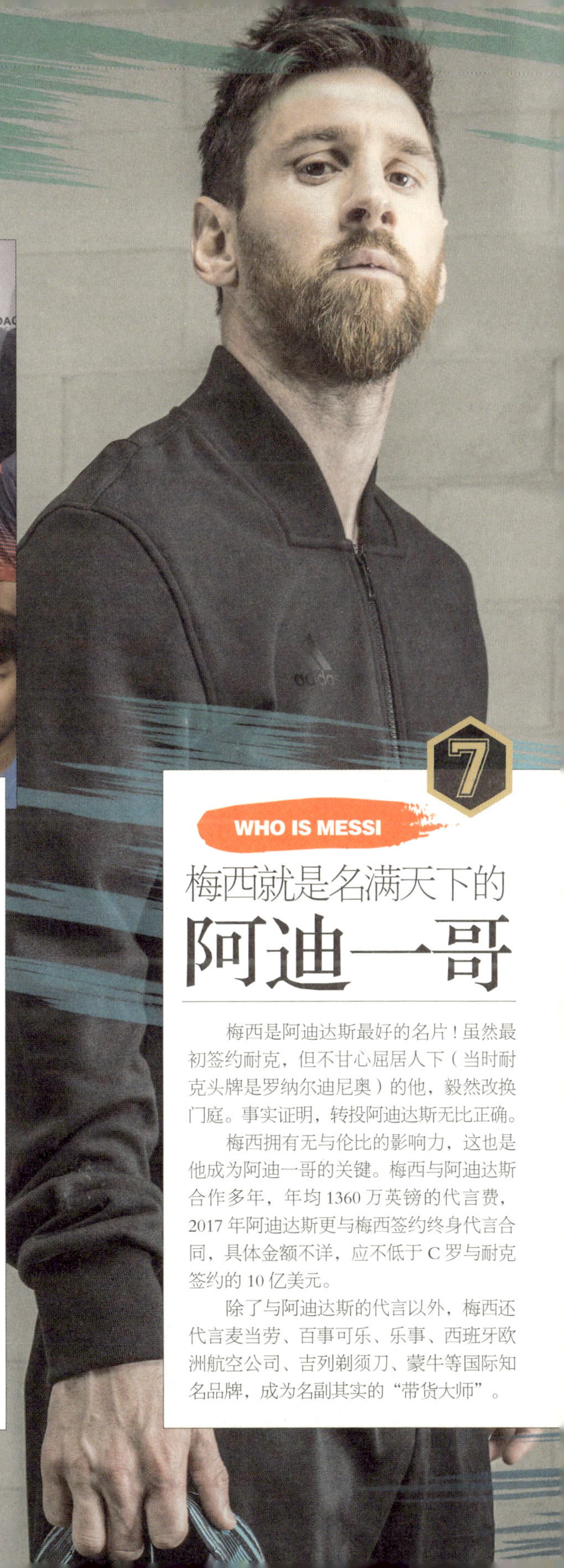

7

WHO IS MESSI

梅西就是名满天下的
阿迪一哥

梅西是阿迪达斯最好的名片！虽然最初签约耐克，但不甘心屈居人下（当时耐克头牌是罗纳尔迪尼奥）的他，毅然改换门庭。事实证明，转投阿迪达斯无比正确。

梅西拥有无与伦比的影响力，这也是他成为阿迪一哥的关键。梅西与阿迪达斯合作多年，年均 1360 万英镑的代言费，2017 年阿迪达斯更与梅西签约终身代言合同，具体金额不详，应不低于 C 罗与耐克签约的 10 亿美元。

除了与阿迪达斯的代言以外，梅西还代言麦当劳、百事可乐、乐事、西班牙欧洲航空公司、吉列剃须刀、蒙牛等国际知名品牌，成为名副其实的“带货大师”。

mateo

WHO IS MESSI

8

梅西就是舐犊情深的居家暖男

在没有比赛的日子里，梅西总是喜欢与家人度过，家是他的避风港与加油站。

如今梅西和妻子安东内拉已有三位爱子，蒂亚戈、马蒂奥和西罗。

2012 年 11 月 2 日，梅西的长子蒂亚戈出生在巴塞罗那。梅西将蒂亚戈的名字和手印作为文身印在他的左小腿上。

2015 年 9 月 11 日，梅西的二儿子马蒂奥出生，梅西因此缺席了训练。

2018 年 3 月 10 日，三儿子西罗降生。梅西在社交媒体上发布消息：“欢迎 Ciro！感谢上帝。”

值得一提的是，梅西和安东内拉拥有青梅竹马的美丽童话，从 5 岁起相识相伴至今。

时光倒流 20 年，他们曾在一起就读幼儿园和小学。美丽的安东内拉见证了梅西童年所有的辛酸苦辣和开心时刻。“多么嫉妒你昨日同过的窗，早些看着你美丽模样，遗憾我当时年纪不可亲手拥抱你欣赏……”梅西拥有安东内拉的成长印记，这世上还有什么比这更幸福的吗？

2017 年 6 月 30 日，梅西在家乡罗萨里奥与安东内拉举办婚礼，两人结束 20 年的爱情长跑，成功迈入婚姻殿堂。

WHO IS MESSI

梅西就是当仁不让的 封面先生

年少成名、名动天下，而后作为足坛一代新王又平易近人的梅西，试问，谁人不爱？作为流行风向标的各大杂志封面人物，屡见梅西的身影。

斯文、儒雅、略带腼腆而又才华横溢、誉满天下，梅西成为各大国际大刊封面的红人。无论是足球业内的杂志，还是时尚、生活的刊物，能请到梅西来做封面人物，都备感荣幸。

梅西没有凭借出众的外貌或者是制造话题来吸引人们的目光，他只是一位专心把球踢好的好球员。梅西 24 岁就登上美国时代周刊的封面，此后 *GQ*、*EsquireSports*、*Illustrated* 等大刊的封面常客。

10

WHO IS MESSI

梅西就是当仁不让的史上最佳

“小跳蚤”的绰号由来已久，如今梅西又有一个新绰号，那就是“山羊”。2018 年世界杯前夕，阿迪达斯推出一部全新的广告片，片中梅西怀抱山羊，目光深邃、志存高远的形象瞬间深入人心。西班牙的《马卡报》随即给出解读：山羊的英文单词是“GOAT”，暗喻“Greatest Of All Time”（史上最佳）的缩写。此后“山羊”这个词，也成了梅西这种在自己领域内具有统治级表现球员的代名词了。

里奥·梅西珍藏传记
LIONEL MESSI
我是梅西
文：博伊德沃特／马里奥／布鲁斯

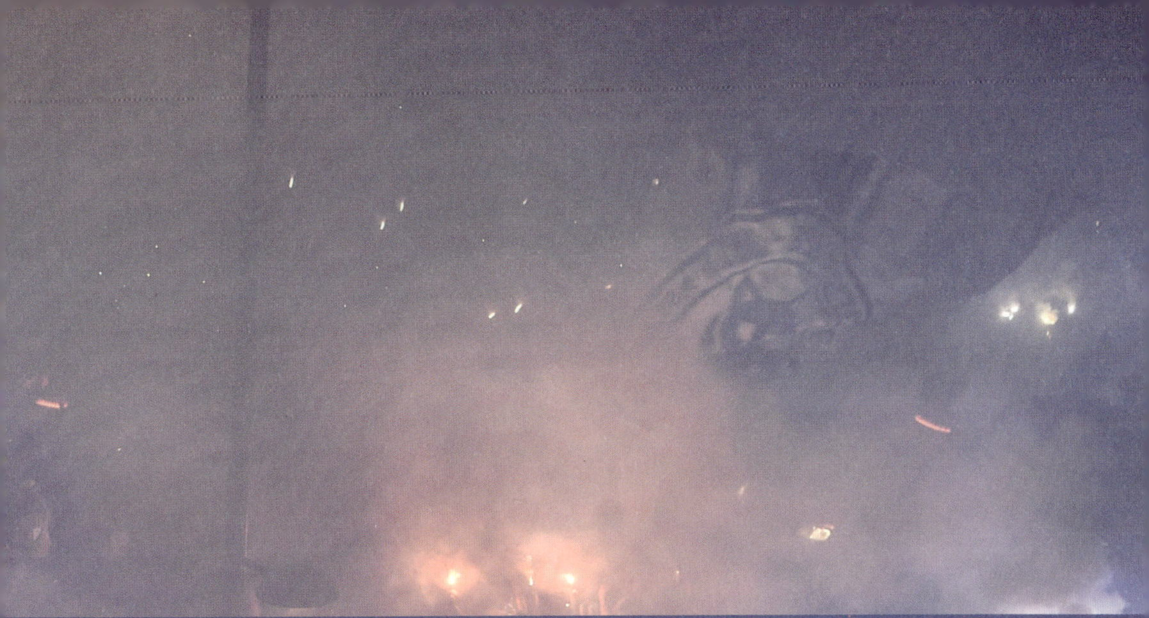

第一章
冰火阿根廷

里奥·梅西珍藏传记

01 阿根廷与足球

Lionel Messi

“他富有得就像一个阿根廷人。”

这曾经是20世纪初，欧洲老牌贵族对于新晋“土豪”的赞美与揶揄。这个如今看起来有些“贻笑大方”的评价，却真实地记录着阿根廷人曾经的无比富足，与如今他们尴尬境遇的天壤之别。

凭借蕴含丰富的矿产资源以及广袤无垠的潘帕斯草原，矿业输出以及农牧业的蓬勃发展，阿根廷从完成独立到迅猛崛起，一跃成为南美洲第一大经济体，世界前十的富庶强国。1908年，阿根廷正式成为世界第七大经济强国，人均收入基本上与当时的德国持平。而当时的德国，是世界上顶尖的工业强国。于是，作为阿根廷政治与经济中心的布宜诺斯艾利斯，一下子拥有了“南美巴黎”的美誉。

远离世界冲突中心的地理位置；矿产资源的枯竭；长期的“军阀统治”；经济发展不均衡；单一的出口经济以及忽视工业化建设……阿根廷的经济逐渐步入衰退期。半个世纪后彻底从世界强国中掉队，阿根廷完美地展现出了一个国家迅速衰败的过程。

哥伦比亚作家加西亚·马尔克斯创作的魔幻现实主义长篇巨著《百年孤独》，再现了拉丁美洲历史的兴衰变迁。风格独特，既气势恢宏又奇幻诡丽。

变幻莫测，从繁华奢靡到一贫如洗，不过是过眼云烟，经历过富足优渥又饱尝贫困艰辛的阿根廷人民，似乎如同《百年孤独》笔下拉丁美洲历史文化的缩影。他们看透生命，却享受生活，即便是在物质条件每况愈下的如今，他们依然能载歌载舞、尽情欢乐，因为他们有全世界品质最好的牛肉、最芬芳馥郁的马黛茶……

当然，最令阿根廷人骄傲的，还是足球。

“我们的国家习惯于在一切问题上充满纷争，在这样一片土地上，阿根廷男足国家队是唯一能让我们团结的东西。”——《谜一样的眼睛》

这是获得1982年奥斯卡最佳外语片的该部电影中的一段话，原作者是阿根廷文豪萨切里。从他这段话中，我们就可以看到足球对于阿根廷这个混乱国度的重要意义。而原本单纯的足球，却因为整个阿根廷的混乱逐渐成为统治阶级的工具。

从1930年何塞·费利克斯·乌里武鲁发动军事政变开始，军阀掌权就成为阿根廷政局的一个鲜明特点。而军政府缺乏对经济发展的认识，拿不出合理的宏观战略，始终无法让阿根廷完成经济体系的重建。没有自给循环经济的阿根廷，国内矛盾始终处于满负荷状态。在这种态势下，军政府发现单纯的军事高压统治已经无法维系统治，于是，他们开始通过外在手段去转移国民的注意力。于是，足球与战争，就是他们的选择。

1978 年世界杯，让阿根廷国内的足球热潮达到了一个新的巅峰。当时的阿根廷，国内的失业率已经达到了一个新的高度，整体经济也处于崩溃的边缘。可以说，以举国之力申办世界杯，是阿根廷军政府进行的一次豪赌。这次豪赌，阿根廷充分借鉴了巴西军政府在 1950 年世界杯上的经验，他们希望利用人民对于足球的酷爱，减少他们对现实生活中各种问题的关注。

在豪赌过程中，军政府不惜以“国家利益”换取足球场上的成功。在该届世界杯第二阶段小组赛中，为了争夺头名晋级决赛，阿根廷队在最后一战至少要以 4 比 0 以上的比分击败秘鲁队，才能压制老对手巴西队。最终，阿根廷队以 6 比 0 大胜，成功压制巴西队晋级决赛。

不过，赛后诸多媒体爆出阿根廷军政府以向秘鲁提供巨额经济援助的代价，换取了这场足球场上的“屠杀”。这种非议，并没有在阿根廷国内带来太多的关注，因为，阿根廷队在决赛中 3 比 1 拿下了克鲁伊夫领衔的荷兰队。决赛中“梅开二度”的肯佩斯，一下子成了国家的英雄。即便是在如今，在阿根廷足坛，肯佩斯依然是那个“将阿根廷足球写入世界足球版图的英雄”。

世界杯的夺冠，让阿根廷国内陷入了短暂的歌舞升平，民众的日常讨论重心，已经不再是政府的腐败以及国家经济的低迷，而是肯佩斯等人在球场上的神勇发挥。这就是足球带给阿根廷的意义，也是阿根廷军政府举办世界杯的真实目的。

这种由足球带来的短时间平静，并没有持续太久。因为，足球并不是生活的全部。当民众重新回归现实生活后，他们再度发现，腐败的军政权在后续的博弈中，继续让阿根廷陷入持续下滑的境地。

国内矛盾再起，军政权选择了另外一个策略去转移民众注意力：马岛战争。

只是，这一次阿根廷军政府失算了。虽然当时的英国国内问题较为突出，撒切尔夫人与内阁也有放弃马岛的打算。但是，急于转移注意力的阿根廷军政府采取了非常强硬的手段，而战争直接将此前 20 多年来的政治谈判努力化为了泡影。马岛战争的失败，不仅让当时的加尔铁里下台，也彻底激化了阿根廷的国内局势。

如同命运轮回般，这一切，因为马拉多纳发生了转变。

“如果不能在战争中打败英国佬，那就在足球场上找他们复仇。”

这是在阿根廷国内流传甚广的一句话，而这句话因为马拉多纳在 1982 年世界杯上的完美发挥，达到了金科玉律般的地步。尤其是在对阵英格兰的比赛中，马拉多纳不仅攻入了连过 5 人的精彩进球，还用一个“上帝之手”彻底锁定了胜局。

在阿根廷国内，马拉多纳的“上帝之手”也被拔高到了一个恐怖的高度：这是上帝对马岛战争的拨乱反正。我们经济不行，我们军队不行，但是我们足球行！即便是马拉多纳在日后充斥着各种犯罪丑闻，但是，他依然是阿根廷的民族英雄。

这就是足球，给阿根廷民众带来的希望。

02

足球与梅西

Lionel Messi

自小谦虚的梅西，是一个十分内敛的人。在足球场上充满激情的表演，并不能说明他是一个性格乖张且如同马拉多纳那般的领袖。只是，从马拉多纳之后，已经没有领路人的阿根廷足球迫切需要梅西被动地去承担这个职责。

马拉多纳之后，还会有马拉多纳吗？阿根廷民众主观地认定有！

当马拉多纳留下了震古烁今的伟业离开之后，阿根廷就一直期盼再有一个这样的人物去创造辉煌。于是，奥特加、巴蒂、艾马尔、里克尔梅等人，都被冠以过“马拉多纳二世”的称号。只是，他们都未能带领阿根廷队再度夺得世界杯冠军。而且，从 1986 年世界杯封王之后，阿根廷队在世界杯、美洲杯、联合会杯等 18 次国家队大赛中，仅仅有 1 次折桂，而这次夺冠还要追溯到遥远的 1993 年美洲杯上。

人才充盈但是却无人能真正兑现预期，是阿根廷足球面临的一个巨大的尴尬。萨维奥拉、里克尔梅等人，都拥有出色的职业开局，但是却都陷入了后续的挣扎之中。于是，2005 年世青赛上，梅西在呼声中的封神表现以及 2008 年奥运会上的无懈可击，让阿根廷国内找到了新的期盼。梅西所展现出的不仅仅是比肩马拉多纳的盘带艺术，还有他比马拉多纳更出色的终结能力。

不过，多年来的阿根廷，依然未能打破魔咒。2014 年世界杯以及此后两届美洲杯上，梅西的巅峰发挥却都未能率领阿根廷队夺冠。三次大赛折戟决赛，恐怕不能单纯用运气不佳来形容。但是，造成这种局面的原因，真的是阿根廷阵容实力不济？答案是否定的。这一切的根本，还要回到阿根廷这个国家的深层次层面上来。

南美诸国在 20 世纪大都经历过军政权的统治，阿根廷长达数十年的军政权统治给国家埋下了腐败的隐患。在自然资源管理协会（NRGI）编制的一份关于全球各国公共资金偏流的报告中，直接指出南美诸多国家在使用或转移公共预算资金、公共投标与司法审判上存在巨大的漏洞，简单来说，就是南美诸国存在巨大的腐败现象。而南美诸国中，腐败最为严重的就是委内瑞拉以及阿根廷。

腐败带来的效果延伸，就是政府机构在运作模式、工作效率等各方面呈现出一个病态。最让人啼笑皆非的事情，就是阿根廷因为外债未还，国家的军舰自由号在加纳海港被扣押，阿根廷政府被要求支付 2000 万美元才能赎回军舰。这种国家层面的笑话，在足球界中也比比皆是。俄罗斯世界杯开赛前，足协内部流传的“俄罗斯把妹攻略”以及为了出场费让国家队去以色列参加热身赛的安排，都是阿根廷足协腐败与“弱智”的一个直接展现。

这一切的核心原因，还是阿根廷从国家到足协，都穷困潦倒。根据新华社 2017 年的报道，阿根廷在该年度的通货膨胀率达到了 25%，而且，银行利率也达到了让人咋舌的 40%。与此形成鲜明对比的，就是阿根廷队在 2015 年，由阿根廷国家工资委员会正式批准最低工资上调 28.5%，达 6060 比索（约合 662 美元）。在国家缺钱到被人家扣押军舰的情况下，还变相拔高民众收入标准的举动，就让国家经济的发展更加恶化。

如果说，国家经济上的窘困已经无法带给足球发展后盾支持的话，那阿根廷国内舆论的浮躁，就将足球进一步推进了深渊。

在独立之后，阿根廷得益于移民以及医疗条件的提升，人口进入了一个快速增长阶段。而此时，归功于世俗的免费公共义务教育系统，民众整体的识字率从 22% 激增至

65%，比大多数拉美国家五十年后的水平还高。因此，在 19 世纪末 20 世纪初的岁月里，阿根廷是一个国家殷实、民众知礼的国度。

不过，知识与认知能力的提升，并没有让阿根廷放弃骨子里的东西：对于自由的渴求以及他们的固执。

阿根廷人喜爱玫瑰，他们首府的官邸就被命名为玫瑰宫。在阿根廷民众的眼里，玫瑰是由象征着自由的白色以及鲜血侵染的红色浇筑而成，这是他们为了实现自由与独立的另一种体现。不过，探戈的热情以及玫瑰带来的高冷孤独，镌刻出了阿根廷人不一样的性格就像阿根廷知名诗人博尔赫斯曾留下的那句“世界一直在变，但我不曾动摇半分，我带着悲哀的自负想到。”

崇尚自由的阿根廷人，尤其是阿根廷媒体以“特立独行”著称。媒体与球迷都会不加掩饰地表达自己的观点，而在表达的过程中，又会将对于生活层面的不满完全发泄出来。以梅西退出国家队为例，阿根廷媒体直接炮轰梅西无耻，不配穿国家队的战袍，但他们不会反思阿根廷足协的种种。更有甚者，在俄罗斯世界杯期间，球队面临小组赛绝境的情况下，阿根廷媒体还编造了梅西权力凌驾在桑保利之上并左右国家队选材与战术安排的新闻。

熟悉梅西的球迷都知道，他是一个性格内敛的人，但是对胜利充满渴望。阿根廷足协腐败、混乱，甚至连拖欠安保的费用都是梅西来支付。

而阿根廷舆论，对于梅西的期望已经达到一种变态的程度，诸多知名媒体人都坦言，他们希望梅西是一个人渣，在巴萨出工不出力，从而更好地为阿根廷队出战。但是，作为一名职业球员的梅西，会这么做？答案是否定的。

“我想让阿根廷人快乐。”这是梅西面对镜头时的话语，但是，阿根廷人会让你快乐吗？

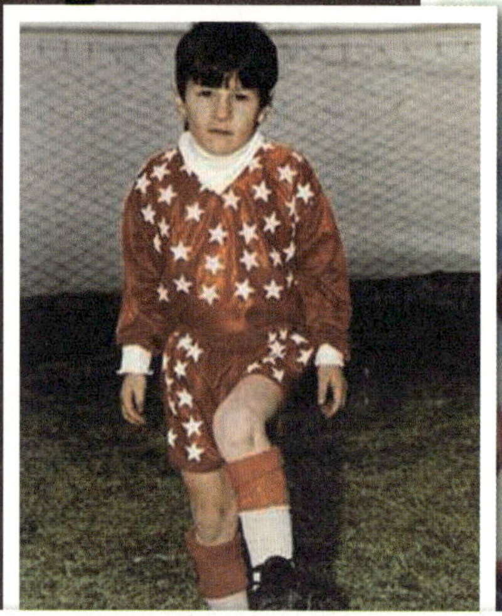

adidas

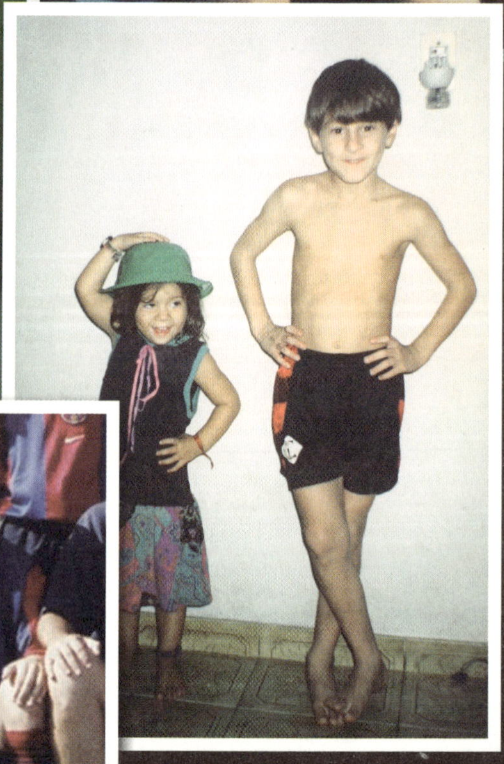

第二章
年少岁月

01

平凡之歌

Lionel Messi

每个人，都有平凡的特质与异于常人的潜力，这也就是我们所说的平凡中蕴含的不平凡。这一点，放在梅西身上尤其合适。因为，从小痴迷足球的他，跟很多孩子一样，但是他因为出色的天赋让他注定不会平凡下去。

梅西的母亲塞莉娅在接受意大利知名媒体人卢卡·卡伊奥里的采访时曾透露：“梅西小时候对于足球十分痴迷。5岁的时候，他就在家里一刻不停地朝着球门进行大力射门，很多时候，邻居都不得不出面让他动静小一点儿。”

每个痴迷于足球的小孩子，大都要经历梅西所处的这个阶段。只是，对于足球的酷爱，让梅西达到了一个近乎“恐怖”的程度。以至于，后来塞莉娅与梅西的启蒙教练们，都开始以“隔绝足球”的方式去“惩罚”梅西。

每当谈到这些场景，塞莉娅总是笑容满面：“对于里奥，最严厉的惩罚就是告诉他，‘你今天下午不能去训练’。而这时候的里奥，只会说：‘妈妈，不，请不要这样。我会把一切都做好，我发誓，你不要担心好吗？让我去踢球吧’。”

每当说起这些小事儿，梅西的母亲塞莉娅就无比骄傲。毕竟，如今的里奥·梅西已经达到了一个让人无法企及的高度。

作为孩子，没有不喜欢糖果的，梅西也不例外。虽然作为职业运动员，饮食方面要十分注意，不过，在梅西年少的时候，他对于甜食的爱，却能更好地映射到球场上。

“里奥特别喜欢吃甜食，他尤其喜爱巧克力与糖果夹心饼干。”

当梅西在少年队踢球时，有一位教练跟梅西说：“你要是在比赛中进一个球，我就给你一块糖果夹心饼干。”结果，一场比赛之后，梅西就得到了8块饼干的奖赏，而他也狼吞虎咽地吃掉了自己的战利品。

其实，让梅西与皮球隔绝的这种惩罚，并不是梅西母亲所拥有的特权。作为梅西曾经的启蒙老师，阿德里安·科雷亚此前就表示，梅西在训练场上什么都好，唯一不喜欢做的就是无球训练，“我不是一个妖魔，也不粗暴。当时，我们都在跑圈，而里奥却在一边拨弄着皮球，我连喊了他两声之后，他也没有加入到跑圈大军中来。于是，我冲他大喊，‘把球给你，你回家去’。10分钟之后，我看到里奥背着背包扒在球场外的铁丝网上看我们。当时，我被这一幕深深刺痛，于是，我冲他大喊：‘你还没给我一个吻就走了。’然后，他就回到了球场，而我，则让他换衣服加入到训练中去。”

即便是后来成为巴拉圭国家队的助教，阿德里安·科雷亚在接受《奥莱报》采访时，依然觉得这一幕让他记忆犹新。毕竟，当时的梅西，腼腆而且安静，而他在球场外望向球场的眼神，展现出了他坚强的一面。那就是对球场深深的热爱吧。

根据阿德里安·科雷亚的回忆，他第一次看到梅西踢球时，包括他在内的很多人目光此前都被一名叫莱昂德罗·德比迪斯的小男孩吸引。这个充满天赋的少年，在 11 岁的时候就被 AC 米兰俱乐部相中，所有人都看到德比迪斯未来的发展前景。不过，当阿德里安·科雷亚第一次看完梅西踢球之后，他就改变了主意，他有些疯狂地说：“里奥·梅西要比莱昂德罗·德比迪斯好十倍，未来，他会像马拉多纳那样伟大。”

也许，每个青训教练都会在看到充满天赋的少年时，一时脑热做出一些让人侧目的预言，不过，阿德里安·科雷亚却在此后数十年都会因为他当年提出的预言而沾沾自喜。虽然已经很难从网络中找到关于德比迪斯的报道，但梅西却成了五座金球奖的得主。

02

生于忧患

Lionel Messi

1987 年 6 月 24 日，梅西出生于阿根廷圣菲省罗萨里奥市，而当时的阿根廷，正处于军政府的无序统治与马拉多纳在球场上带来的巨大宽慰的博弈之中。而在梅西出生前，阿根廷国内的局势已经十分动荡，以阿尔多·恩克为首的年轻军官们发动了政变，他们旨在要求军政府必须停止侵犯人权。

这次政变虽然没有将阿根廷推入内战的深渊，但是很遗憾，阿根廷军政府统治时期的人权侵害案却不了了之。6 月 23 日，阿根廷颁布了《服从命令法案》，并赦免了所有在军政府统治期间犯下罪行的下级军官。因为，这项法案是军政府与年轻军官之间的较量，却也凸显出了阿根廷民众的无奈。

就是在这种国家局势下，塞莉娅被送到了加里波第医院的妇产科。在此之前，这个温馨的家庭已经有了两个男孩，分别是当时已经 7 岁的罗德里格与 5 岁的马蒂亚斯，梅西的父母希望能迎来一位女儿。

分娩的过程并不顺利，因为当时梅西在母亲腹中的生命体征不太平稳，为了避免给胎儿留下后遗症，医生在接生时使用了产钳。在当时的医疗条件下，即便是在软硬件都属上乘的加里波第医院，产钳也存在伤害胎儿的较大概率。后来，梅西的父亲豪尔赫在接受采访时坦言，他曾经数次要求医生避免使用产钳，因为他担心会伤及胎儿。而在当时的阿根廷国内，产钳因为流言而成为待产父母的噩梦。

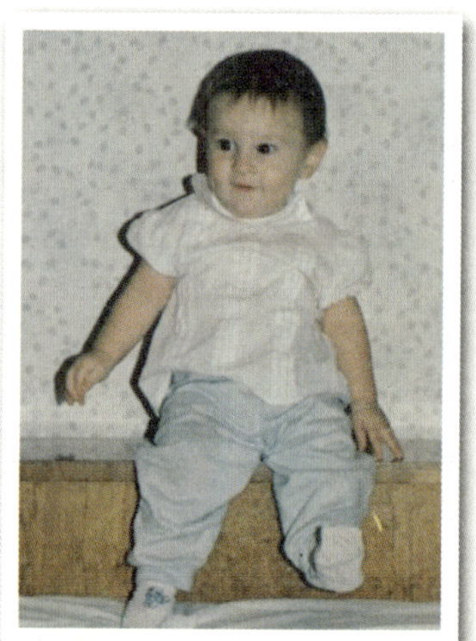

好在一切顺利，6 斤重的梅西成功降世。虽然，出生后梅西的肤色红得像西红柿，但是，这种症状在出生后几小时就消失了。生产时候的不顺，已经足以让很多父母心有余悸，但是，梅西面临的困难要更大——众所周知的矮小症。

孟子云：“故天将降大任于斯人也，必先苦其心志，劳其筋骨，饿其体肤，空乏其身……”在成为绝世巨星之前，梅西经历了异于常人的磨难，而矮小症成为其首道必须跨越的难关。

造成矮小症的原因很多，但是治疗矮小症却是一个很冗繁的过程。1997 年 1 月 31 日，梅西跟随父母来到罗萨里奥市中心的内分泌诊所进行检测。因为，已经 9 岁半的梅西，在身高上要远矮于同龄人。随后长达 1 年的反复检测与追踪问诊，得出最终结论：生长激素缺乏。简单来说，就是梅西的内分泌系统没有分泌出足够的生长激素，令他无法像其他孩子那样长高。而这种生长激素缺乏症的发病率只有两万分之一。

如果不能进行及时且专业的治疗，梅西此后很难长高。根据临床经验来推断，如果没有治疗，他的身高将很难超过 1.4 米。接受生长激素注射治疗，成为治疗这种疾病的最佳选择之一。

然而这个结论对于梅西以及其家庭来说，无异于当头一棒。毕竟，当时的梅西虽然没有成为明星球员，但他已经是当地足坛小有名气的天才孩童。如果这种生长激素缺乏的情况持续下去，梅西无法长高，肯定不能成为一名职业球员。面对如此困境，梅西显得十分平静，在后来的治疗过程中，他始终没有哭闹、抱怨，一直配合着医生的诊断。这一点，即便是十几年之后，当时梅西的主治医生迭戈・施瓦茨斯坦都记忆犹新。

当时梅西的家庭条件并不优越，他们要承担一年高达 60 万比索（相当于一万两千欧元）的巨大治疗费用，而且阿根廷的医疗体系已经接近坍塌。根据《奥莱报》此前的披露，梅西的治疗费用来自父亲的医疗保险以及阿辛达尔钢铁集团基金会，这属于阿根廷国民医疗服务的范畴之内。但这笔医疗费用在治疗开始后两年就停止了。

于是，豪尔赫与妻子塞莉娅开始了“讨薪”。直到后来俩人厌倦了这种“低声下气”，选择放弃这笔费用。纽维尔老男孩俱乐部曾经因为梅西的天赋，允诺会承担一部分治疗费用，但是，随着时间的推移，纽维尔老男孩也开始拖欠费用。这并非是他们违背承诺，俱乐部的经济状况着实不佳。

为了延续足球事业，以及希望能找到俱乐部承担一部分治疗费用，梅西曾前往位于罗萨里奥的河床队青训营试训。出色的能力让河床的青年教练对梅西赞不绝口，但是河床队要想得到梅西，需要完整的转会材料，而纽维尔老男孩也不愿意放弃梅西。

真正让梅西摆脱病痛的，还是他来到巴萨之后。在队医与专家的综合检测之后，他们改变了此前对梅西单纯进行生长激素注射的治疗手段，增加个性化的体能、饮食计划，帮助梅西成长。不过，梅西依然需要在此后数年的时间里，每天忍受被注射的痛苦。

03

自幼磨难

Lionel Messi

10 个月大的时候，梅西就开始跟在哥哥们身后跑。不过，能在 10 个月大的时候就跑起来，还是体现出了梅西很好的运动天赋。不过，与很多孩子一样，走路较早势必会带来一些“磕磕碰碰”，而梅西在 10 个月大的时候，就遭遇到了第一次骨折。

根据母亲塞莉娅的回忆，10 个月大的梅西不知道什么时候走出了家里的院子，然后在马路上被一辆自行车撞倒。梅西哭喊的声音，将家人引来。虽然当时看起来没什么大问题，梅西只是看起来被吓坏了，但是，到了晚上他的左臂却肿了起来。家人紧急把梅西送到了医院，检查结果让人震惊——尺骨骨折。

可怜的小梅西，不得不在此后数周的时间里戴着石膏板。

而当梅西走上足球之路，也不可避免在比赛与训练中有些磕磕碰碰。

1992 年的那个夏天，站在球场外的梅西因为机缘巧合与年长于他的大哥哥们踢了场比赛。比赛的场地是一家叫作格兰多里俱乐部的小球场。这种小球会在足球至上的阿根廷比比皆是，何况是罗萨里奥这种拥有纽维尔老男孩等大球会的人口重镇。不过，绿油油的草皮对于追逐足球梦想的孩童来说，还十分遥远。

于是，梅西就在这个没有绿油油草皮且裸露出黄土地的小球场开始了自己的足球职业生涯。试想一下，当小孩子在这样的场地上踢球，一旦摔倒，肯定会带来擦伤。

而这种小伤对于梅西来说，并不会成为“负担”。要知道，10 个月大就自己溜到马路上的梅西，被自行车撞到尺骨骨折后，也没有表现出太

多的“歇斯底里”。

只是，当一个孩子穿上球衣并为了足球梦想开始奔跑之后，受伤的风险就变得很大。

2001 年 4 月 21 日，也就是梅西抵达巴萨的第 45 天，梅西遭遇到了左腓骨非移位骨折。要知道，因为转会手续的缘故，梅西此前只从加泰罗尼亚足协拿到了临时的参赛证，而抵达巴萨的第二天，他就在青年队的比赛中登场并攻入一球。虽然梅西不能参加西班牙足协的少年队 A 级赛事，但他却可以在加泰罗尼亚地区的少年队比赛中登场。

很遗憾，对手的凶狠铲抢让梅西遭遇了骨折之痛，这次重伤让他休息了 2 个月之久。不过不甘寂寞的梅西，还是在未完全康复的情况下私自接触了足球，这种任性也让他吃到了苦头。由于没有全部听从医生的建议过早接触了足球，这让他此前骨折的左腓骨并未完全康复。在他康复后的一周时间里，梅西在下楼梯时左腿肿胀疼痛，然后又不得不休息了 3 周。

从医生的检查结果以及后续媒体方面的深挖报道来看，梅西左腿肿胀疼痛是因为腓骨骨折伤势未完全康复的情况下，梅西进行了较为激烈的运球运动，然后引发了韧带肿胀与疼痛。

数年之后，梅西在接受 *ESPN* 采访时坦言，正是这次伤情的反复，让年幼的梅西意识到，要是不听从医生的建议他可能会得到更多的惩罚。因此，在日后不断的训练比赛中，梅西并没有对“长高计划”下的饮食、体能训练以及腿部注射治疗进行抵触，而是用常人难有的韧劲，配合医生的治疗。

初次登场

梅西第一次站在球场上进行比赛是什么样子？恐怕只有他自己以及亲历者才知原委。不过，在诸多的报道与传记中，梅西第一次站在球场上的情景出现了两个不同的版本。

时间回到1992年的夏天，在罗萨里奥市的一处破败街道中，隐藏着一个很小的球场。它被修车铺、小商店包围，而且还有不少闲散的市民聚在一起在烈日下进行露天烧烤。球场除了角旗区附近有几块如野草般的草皮之外，就处于沙砾包围之中。也许没人意识到，这里将成为球王梅西冲击举世荣耀的起点。

随着时间的流逝，这座不知名的小球场大门被阿帕里西奥（当时梅西少年队的主教练）打开了，在这里，将举行一场“86年龄”段的少年足球友谊赛。

在比赛临近开始时，阿帕里西奥执教的一名孩子还没有出现在球场上，这就是一个大问题。回忆起当年的场景，阿帕里西奥坦言：“在其他人都在做热身活动的时候，我拿着那个迟到的孩子的球衣在焦急地等待。比赛马上就要开始了，怎么办？我看到了一个小不点自己在对着球场看台踢球，一下一下地很认真。我的脑子飞快运转，我在想着如何说服他身边的老人，让他能穿上这件球衣上场比赛。不过，他究竟会不会踢球？”

接下来的故事，很多人都猜到了，那就是这个曾执教过上百名孩子的老人阿帕里西奥，来到梅西祖母身边尝试着询问：“能否借您家宝贝一用？”

“面对我的请求，孩子的家人并不同意，我在一遍遍地保证，我就把他放在球场上，他甚至不需要动，要是有人踢他我就暂停比赛，然后把他换下来。”

对于阿帕里西奥的描述，梅西的家庭给出了另外一个版本。那就是梅西的家人希望阿帕里西奥能将梅西派上场，但即便是球队缺一个人，阿帕里西奥也不敢贸然让这个小不点登场，因为，他太小了。不过，梅西的祖母掷地有声的一句话，让此番争论戛然而止：“让他上场，你就会知道这个小不点是怎么踢球的。”

后来的故事，再也没有其他的版本。而第一次正式参加比赛的梅西，用出色的表现震惊了所有人。

回想起比赛时的场景，阿帕里西奥有些不好意思：“虽然在梅西第一次触球时，他只是看着皮球从自己身边滑过，然后僵直着身体站在那里，此后的场景就不一样了。”

“当皮球第二次来到梅西所站的区域时，这个小不点左脚拿球之后开始过人，一个，一个，又一个。如今回想起来，当时我高喊着‘快点把球踢出去’，是因为我怕他疯狂地带球过人，会招来一次又一次的犯规。虽然，我不记得他是否在比赛中取得进球，但是看到他连续过人的一刹那，我深刻地意识到，我此前并没有遇到这样的事情以及这样的孩子。我下定决心，这个孩子，我永远不会把他换下来。”

多年之后，阿帕里西奥随着年龄的增加，记忆力开始衰退。但是，他依然能准确地记得当年梅西在自己手下踢球的样子。

一张泛黄的照片，裸露黄土的球场，红色的球衣成为主旋律。耐心观察，你会发现年轻的阿帕里西奥身侧，是小不点梅西。因为个子实在太小，同年龄段均码的球裤，梅西几乎提到了腋下。版本如何已经不再重要，因为梅西终于不再追逐着两个哥哥，央求着他们陪自己踢球。而是，可以带着足球穿过小巷，来到他钟爱的球场，追逐属于他自己的绿茵梦想。

而这个梦想，始于 4 岁生日时，家人给予的一只白色足球的礼物。这个梦想如今已经实现，只是实现的不仅是梅西的梦想，还有阿帕里西奥等耕耘在基层的草根教练的梦想。

05

家乡之礼

Lionel Messi

梅西从来没有避讳自己对纽维尔老男孩的热爱，毕竟，这支球队在很大程度上意味着家庭足球的传承。

在罗萨里奥这座城市中，最著名的球队就是纽维尔老男孩队和罗萨里奥中央队。与罗萨里奥中央队在1889年成立相比，纽维尔老男孩队的成立时间要更晚。在1903年11月3日，从欧洲来到阿根廷冒险的英国商贸公司的老师、学生成为球队的发起人。球队的名字来自于伊萨克·纽维尔，这位来自英格兰肯特郡的人在1884年于罗萨里奥建立了一所学校，然后将足球运动从这里传播出去。

纽维尔老男孩队的创始人是伊萨克·纽维尔的儿子克劳迪奥，而纽维尔老男孩的名字也是致敬其父辈。在一个多世纪的时间里，纽维尔老男孩队中曾走出过加布里埃尔·巴蒂斯图塔、豪尔赫·巴尔达诺、巴尔博、马科斯·罗德里格斯、萨穆埃尔、马蒂诺等一众闪耀的球星。而最让纽维尔老男孩队在罗萨里奥中央队面前炫耀的就是，迭戈·马拉多纳曾身穿红黑球衣（纽维尔老男孩球衣以红色与黑色为主）。

纽维尔老男孩队的球迷自称为“麻风病人”，这个昵称并非自嘲。根据“荣耀纽维尔”网站的历史资料，可以看到这支球队球迷昵称的原因：在很久以前，当地医院想为打击麻风病而组织一场足球义赛，参赛的球队是罗萨里奥这座城市的两支顶

B. LAS FLORES
PEÑAZONASUR
VALENTIN
MERLITO
R C
MATAMOS POR ESTOS COLORES

LA HINCHADA MAS POPULAR
Alentando Como Toda la Vida
MORENO
LOS PIBES
DEL 8 PTE.
SAN MARTIN

尖球队。不过罗萨里奥中央队拒绝了这项义赛，此举遭到了纽维尔老男孩队球迷的嘲讽。为了还击，罗萨里奥中央队球迷就给纽维尔老男孩球迷起了一个“麻风病人”的绰号。后来，纽维尔老男孩队的球迷认可了这个绰号，并将其当作荣耀来看待。

梅西的祖辈并非阿根廷土著居民，而是移民者的后裔。这并不能阻碍这个家族在罗萨里奥扎根下来，然后深刻地领会纽维尔老男孩以及“麻风病人”的含义。

梅西的父亲豪尔赫 13 岁时就在纽维尔老男孩训练，直到他因为服兵役才告别足球。每个拥有梦想的父亲，都会期盼自己的孩子能将自己未竟的事业传承下去。因此，梅西的两个哥哥罗德里格与马蒂亚斯很小就来到纽维尔老男孩的少年足校学习。

拥有一个热爱足球并忠于纽维尔老男孩队的家庭，梅西自小就被纽维尔老男孩队吸引。他 1 周岁生日时，收到了叔叔一份特别的礼物——纽维尔老男孩队的球衣。1 岁的孩童自然不懂父辈们的期待，逐渐长大的梅西对于孩童玩具十分痴迷，比如，弹子枪。

不过，机缘巧合，他在 4 周岁收到足球礼物后，开始对这个圆形的精灵投入更多的关注，并偶然间加入到哥哥们的足球游戏中，就此沉迷。

阿帕里西奥虽然是一名不错的草根教练，但是他却无法给梅西带来更多的进步。

1994 年初，梅西跟随哥哥们的脚步来到了纽维尔老男孩队进行试训。在接近 1 个月的试训中，梅西一共参加了 8 场比赛。对于那个年龄段的梅西来说，这个比赛的强度很大，而且，梅西也用自己的天赋征服了青年队的教练。后来的故事十分正路，梅西来到了纽维尔老男孩队，并拿到了 992312 的学员号。

在纽维尔老男孩队，梅西已经展现出了同年龄段无可阻挡的态势。根据罗萨里奥足球俱乐部的记录，梅西在代表纽维尔老男孩参加的首场比赛中就攻入 4 球，帮助球队 6 比 0 获胜。另外，在阿根廷青少年队中的 7 人制比赛中，梅西率领的纽维尔老男孩队与队友们创造了连续三年不败的神迹。最为关键的是，在对阵同城球队罗萨里奥中央队的少年队比赛中，梅西 5 次使用了“彩虹过人”的方式戏耍了防守球员。这种出色的发挥以及将对手玩弄于股掌之间的神勇，让罗萨里奥中央队某位小球员的父亲在看台上高喊：“杀了他（梅西），杀了他！”

根据当时梅西的教练维克齐奥透露，在 1999 年的一场比赛里，梅西因为发烧没有首发。在球队 0 比 1 落后的局面下，维克齐奥走到梅西身边问：“你想比赛吗？你想帮我们拿下胜利吗？”很显然，梅西的回答是“是”。于是，替补登场的梅西只用了 5 分钟就攻入 2 个球，帮助球队实现了逆转。

即便是离开纽维尔老男孩队，梅西也展现出了对这支球队的留恋。在巴萨与纽维尔老男孩高层之间的对话中，青年队教练与小队友是无法得知转会操作的具体细节的。当消失一周的梅西再度回到纽维尔老男孩队训练后，整支球队的氛围立刻活跃起来。当梅西的妈妈塞莉娅过来接梅西开启巴萨之旅时，梅西依然希望能在他热爱的球队再待上一段时间，“我想跟这些家伙，跟我的朋友们一起再待一段时间。”

在加盟巴萨之后，梅西对于纽维尔老男孩队的热爱并没有减少。他数次面对媒体表示，未来，他想回纽维尔老男孩队，这是他的梦想。而且，梅西总是无时无刻不在提醒着世界，纽维尔老男孩这支球队的存在。在参加某项赞助商的活动时，皇马名宿劳尔坦言未来能去阿根廷，观看河床与博卡的激烈对决。而这时候，梅西小声补充道：“还要看纽维尔老男孩队。”

第三章
初历欧洲

里奥·梅西珍藏传记

01

缘定巴萨

Lionel Messi

当年，很多人都觉得德比迪斯会成为比肩马拉多纳那样的球员，因为，在他 11 岁的时候，他就成名已久，而且已经成为罗萨里奥这座城市的青训标签。

在 2000 年初的科尔多瓦锦标赛决赛中，德比迪斯所在的球队赢来了梅西领衔的纽维尔老男孩队，这场决赛在当时引起了巨大的轰动。不过，媒体与球探的焦点都放在了德比迪斯身上，而且在决赛中，德比迪斯所在的球队是最后的胜利者，他们给梅西及队友们送上了一场为数不多的失利。赛后，所有的媒体都将镜头对准了德比迪斯，毕竟，这个 11 岁的年轻人已经获得了 AC 米兰的邀请，要前往米兰城接受新的洗礼与挑战。

当时梅西的青年队教练科雷亚不敢相信，竟然没有一名媒体记者走向梅西。仿佛这一刻，没有人知道梅西的存在一样。

不过，巴萨知道。

2002 年的 2 月，巴萨最为著名的球探、经纪人明格利亚收到了一盘录像带。而且，一同收到相同内容录像带的还有乌戈·托卡利，而他的身份是阿根廷各级青年国家队的总负责人。两个收到录像带的人，做出了截然相反但是在当时都无可指摘的举动：明格利亚将录像带送到了高层的手中，并力主球队签下梅西；乌戈·托卡利则选择暂时不招梅西进入阿根廷少年队，然后等待合适的时机，在友谊赛中考察他。

这盘录像带，让巴萨经过 2 年的时间，终于得到了梅西。而阿根廷青年队，也最终在 3 年后将梅西招入了青年队，梅西也在南美杯赛事中用出色的发挥，兑现了期待。

巴萨在收到明格利亚的力荐之后，开始邀请梅西来球队试训。其中，对于签下梅西态度最为坚决的，就是巴萨名宿卡洛斯·雷克萨奇。当他看完梅西的录像带之后，他的兴奋之情无以复加，“此前有朋友跟我说，有个叫里奥·梅西的孩子不错，有点像马拉多纳。我以为他说的是一名十八九岁年轻段的球员，但当我看到录像后才发现，这是一个 13 岁的孩子，而且，他踢球的方式着实让我震惊。”

更让雷克萨奇震惊的还在后面，在抵达巴萨之后，梅西迎来试训的首场比赛。为了能让梅西更好地发挥，巴萨贴心地让他与同年龄段的队友合练了一个星期。在正式比赛哨吹响之后，梅西展现出了他完美的球技：5 个进球，外加一个进球被吹越位。

雷克萨奇来到比赛场边，亲眼看到梅西的出色发挥，然后找到当时拉玛西亚的青训主管奎麦·里费与名宿米盖利，郑重地说："我们得签下这个孩子，就这么定了！"

心满意足的梅西与父亲豪尔赫飞回了阿根廷，但是接下来迎接他们的不是巴萨的邀约，而是漫长的等待。因为，巴萨要签下梅西，难度并不小，而较大的困难一共有 4 点：

1、梅西是非西班牙人，法律不允许外国孩子为任何国家级别的梯队踢球；

2、梅西当时年龄太小，接下来可能会因为远赴他国出现心理、伤病等问题，在此情况下，不够成熟的他在陌生环境下将无法达到预期的要求；

3、要想保证梅西有较好的成长环境，就需要将其父母接到巴萨来，那么，俱乐部就要为他们找工作；

4、梅西有矮小症，需要花费大量的时间与金钱去治疗，这也大大增加了他职业生涯的不确定性。

不过，当时的巴萨并未达到战绩顶峰，而且，俱乐部层面的内耗与管理漏洞十分明显。根据卢克·卡伊奥里的披露，时任巴萨某位总监以此前并不知情为由，一直未能同意引进梅西，而且，认定梅西不值得巴萨为其花费重金。最关键的是，俱乐部有人认定梅西的身体太过瘦小，应该去玩桌上足球。对此，雷克萨奇展现出了强硬的一面，他不仅斥责了自己的同事，而且全力推进引进梅西的事宜。雷克萨奇甚至亲自为时任巴萨副主席加斯帕特解释，签下梅西并承担所有花费是十分值得的。

三个月之后，明格利亚、雷克萨奇与当时梅西的经纪人奥拉西奥·伽乔里秘密见面。而伽乔里的一番话最终让梅西的巴萨梦成为现实，"既然已经走到这一步了，为了巴萨，雷克萨奇你就不打算赌一把吗？强硬一点，说服管理层，要不然，这个孩子就属于别的俱乐部了。"别的俱乐部是谁？伽乔里在后续回忆时坦言，这家俱乐部同样来自西班牙，他们是皇家马德里。

下定决心的雷克萨奇，为了让明格利亚与伽乔里放心，顺手拿起一张餐巾纸，然后写下一段允诺。这就是世界足坛最为知名的餐巾纸，而梅西的职业生涯，也因为这张餐巾纸发生了巨变，并最终腾飞。

02

困境爆发

Lionel Messi

性格内敛是梅西的优点，但也是他的缺点。内敛恬静的性格，可以赢得别人的好感，不过，也在一定程度上被认为是不合群的表现，与团队有些格格不入。在成名之后得到国家队征召后，梅西在阿根廷国家队并没有表现出与大家打成一片的态势。在国家队见到老大哥海因茨之后，梅西羞涩地低头走开，这一举动一度被这位老大哥认为缺乏尊重。直到后来彼此了解之后，才消除了这种误会并成为挚友。

当梅西来到巴萨之后，他面临的不仅仅是适应新的队友，还要在异国他乡适应新的生活与文化。最为直接的体现，就是新环境下梅西并没有将自己的学习与足球有效地兼顾起来。为了让他更好地学习文化知识，巴萨安排梅西在大教堂区的若望二十三世公立学校就读，这个学校不仅师资力量雄厚，而且距离诺坎普很近。梅西并没有太多的学习意愿，然后他也没有完成学校规定的第四年必修课中的教育课程。

最为不顺的是，初来巴萨，因为注册手续存在问题，梅西并没有太多的登场机会。直到赛季末，梅西一共只出战了 2 场正式比赛与 1 场友谊赛。

球场上的不顺，加上生活上遇到的障碍，让梅西一家在初期并没有很好地适应西班牙的生活。由于注册手续上的问题以及当时巴萨管理层混乱，梅西曾与巴萨在两年的时间里先后签订了多达 6 份的新合约。而且，允诺梅西家庭的经济支持，也出现了问题，梅西一家应得的酬劳开始被不断拖欠。因为，巴萨俱乐部中，有一些管理层开始迟疑，一旦巴萨对于梅西注册的上诉不能成功，那么梅西根本无法代表青年队参加西班牙或洲际范围的赛事，只能在友谊赛与加泰罗尼

亚地区联赛中登场。

这一切，直到 2001 年 2 月 17 日终结。国际足联裁定西班牙足协必须允许梅西注册，梅西才终于可以跟随青年队征战。这时候，在人才辈出的拉玛西亚，梅西遇到了法布雷加斯、皮克、维克托·巴斯克斯等日后成名的球星。不过，当时的梅西虽然已经在青年队拿出了出色的表现，但是融入团队的过程却有些慢，好在，在与队友一起分享奖杯的喜悦以及逐渐熟识之后，梅西终于跟大家打成一片。

球场上不断与队友分享胜利的梅西，在巴萨青年队联赛、瑞士泰伊根杯邀请赛、马埃斯特雷利杯等赛事上都夺得了冠军。尤其是马埃斯特雷利杯，这场在意大利举办的青年邀请赛，云集了国际米兰、尤文图斯、帕尔马等老牌强队的青年军，也有青训成绩出色的切沃、布雷西亚队的第二梯队。梅西与队友们横扫国际米兰、切沃、布雷西亚后，又逼平了尤文图斯的青年军，然后在关键的决赛中战胜了帕尔马夺冠。

在这次意大利之旅中，除了球场上的默契与交流之外，足球游戏成为梅西与队友沟通的桥梁。前巴萨青训球员法布雷加斯透露，一开始，在球队几乎不说话的梅西被大家认为是哑巴，但是，在后来队友之间不断切磋足球游戏的过程以及意大利之旅中，梅西才逐渐增加了与队友之间的交流，并且在球场上，梅西开始与队友互动交流，在场下，梅西也与队友互开玩笑。

这对于梅西来说，是一个很好的转变。毕竟，此前的梅西并没有他球场上那般大胆。当时拉玛西亚青年军的主力中锋维克托·巴斯克斯就说道："在前往意大利征战马埃斯特雷利杯前，梅西每天走进更衣室，只是坐在角落里安静地换衣服，然后，他就一声不吭地离开。在意大利，这一切发生了变化。在球场上，他一点都不胆小，踢球的时候就像马拉多纳一样，在场下，他也开始成为我们的朋友。"

这种与球队的融合，让梅西发挥得更加游刃有余。在接下来的 2002/2003 赛季，梅西代表青年队出战了 30 场联赛，攻入了惊人的 36 球，比球队的头号前锋维克托·巴斯克斯还要多 6 个。梅西的 36 个进球中，不仅有 3 次"帽子戏法"，还有一次"大四喜"。除了青年队的联赛赛事外，梅西与球队又在加库巴拉纪念赛、夏季三角杯等赛事中折桂。

03

青年才俊

Lionel Messi

2003 年夏天，注定要被写进巴萨的辉煌历史之中。在这个夏天，拉波尔特赢得了主席大选，也给球队带来了少帅里杰卡尔德，而为了完成复兴，巴萨在转会市场上击败了曼联，签下了巴西球星罗纳尔迪尼奥。

这一切，成为巴萨“梦二队”起航的标志。毕竟，在此前的赛季中，巴萨经历了噩梦般的一年。在欧冠赛事中，球队于 1/4 决赛被尤文图斯淘汰，国王杯赛事更是被第三级别球队诺维尔达踢出局，而在联赛层面，巴萨只拿到了第六名，比榜首的皇马少了 20 分之多。诺坎普球场漫天的嘘声，代表着球迷迫切要求重建的期望。

如所有球迷预期的那样，巴萨迎来了重建，球队也最终走上了正轨。

这时候的梅西，依然在青年队厮杀，而在前巴萨名宿阿莱克斯·加西亚执教青年队的那个赛季，15 岁的梅西用无可比拟的技术，奠定了青年队的核心地位。而梅西对于比赛以及足球的渴望，再度达到了一个“恐怖”的程度。

在 2003/2004 赛季对阵西班牙人青年队的德比战中，梅西在起跳时与对手撞在一起，当场休克。经过紧急救治，梅西被诊断为髋骨骨折，需要卧床休息 2 周以上。虽然巴萨最终战胜了同城死敌并拿下了联赛锦标，但是这也意味着梅西将缺席 1 周后的加泰罗尼亚杯决赛。

恰巧当时一线队的主力球员普约尔也遭遇到了髋骨伤势，拒绝手术的普约尔选择佩戴面具比赛。在梅西的不断请战要求下，当时球队的主帅阿莱克斯·加西亚如法炮制了这种做法。只是，他严厉要求梅西不能在比赛中摘下面具。当比赛开始后，不习惯佩戴面具的梅西在拼抢中出现了小问题，面具的一块被掀了起来，已经开始影响梅西的视线。这时候，梅西冲着场边喊，希望能将面具摘下，但是遭到了加西亚的言辞拒绝：“你要是敢摘下面具，

我就把你换下来。”

这时候的梅西，恳求般地向自己敬重的主帅说：“我只需要一小会儿，教练，请不要这样。”于是，在此后的 5 分钟时间里，梅西完成了两个惊艳的进球。一个是从中场断球后一条龙杀到禁区盘过对手门将射空门得分，另一个是接到弗兰克·宋奥格的传中在禁区内完成了凌空抽射。

这则轶事在拉玛西亚引起了广泛的热议，而梅西的这种斗志与发挥，也得到了里杰卡尔德的注意。然后，在 2003 年 11 月的国家队比赛日中，梅西跟随一线队前往葡萄牙的波尔图，与葡超班霸进行了一场热身赛。由于诸多主力球员参加国家队赛事，里杰卡尔德只带了 16 名球员前往巨龙球场。比赛本身的意义，也远没有想象的那般重要。毕竟，这场比赛的真正意义，是为巨龙体育场的揭幕热身。这座专门为了 2004 年欧洲杯兴建的球场，在该天迎来了揭幕日。

梅西在下半场比赛中，身披 14 号球衣替换纳瓦罗登场。在 15 分钟的登场时间里，梅西创造了 2 次得分机会。虽然球队输掉了比赛，但是里杰卡尔德已经被梅西打动，“他是一个非常有天赋的孩子，他的前途远大。”

完成一线队首秀的当天，梅西只有 16 岁 4 个月零 2 天，在巴萨悠长的历史中，只有两名球员的一线队首秀年龄比梅西小，分别是 1912 年以 15 岁 4 个月零 18 天完成一线队首秀的阿尔坎德拉，以及 1998 年以 15 岁 9 个月零 18 天完成首秀的巴班吉达。

在很多人看来，巨龙球场的首秀，只是一线队临时抓壮丁让梅西得到了幸运的馈赠。不过，真正了解巴萨与梅西的媒体以及球迷都知道，青年队的无解发挥，才是梅西持续获得里杰卡尔德关注的核心。

后来的事情证明，里杰卡尔德并没有忘记梅西短暂 15 分钟的发挥。在 2004 年夏天，巴萨的远东行收获巨大，球队在中国、韩国与日本参加了多场热身赛。在这个夏天，梅西，凭借在青年队的出色发挥，再度披上了一线队的战袍，可以跟老大哥们一起训练、比赛。

而且，从那时候开始，里杰卡尔德管理下的巴萨，开始增加市场营销推广。球队成绩上的提升与市场推广上的迅猛发展，最终让巴萨在那个时候，逐渐稳固了自己的地位。在此后多年，巴萨先后与上海国际、深圳健力宝、北京国安等中超球队进行了热身赛。

让我们一起来看下梅西在 2003/2004 赛季青年队的优异发挥吧。在青年 A 队，梅西出场 11 次攻入了 18 个进球，而且还在对阵皇家贝蒂斯的内尔哈杯决赛中上演了中圈吊射的惊艳进球。

在巴萨 C 队，梅西在危难之际临时受命征调参加了 10 场比赛，梅西共攻入 4 球，帮助球队成功保级；尤其是客场对阵格拉梅内特队的比赛中，替补登场的梅西展现出了绝境中的超强战斗力。比赛第 86 分钟，巴萨 C 队 1 比 2 落后，梅西用一个头球得分与一记突破后的劲射，帮助球队实现了最后时刻的翻盘。

在巴萨 B 队，梅西的加盟让球队在竞争激烈的西乙 B 联赛中成功夺冠。一个赛季下来，梅西一共参加了 36 场正式比赛，攻入了 50 个进球。

这样的发挥，让动荡中的拉玛西亚迎来了新的曙光。巴萨上下终于被梅西蛰伏，俱乐部正式联系了梅西的父亲豪尔赫，并送上一份职业球员合约。因为，此前管理层的更迭与混乱，已经让皮克、法布雷加斯等青年才俊被曼联与阿森纳先后挖角，巴萨已经无法承受梅西的离开。

04

惊艳世界

Lionel Messi

进入 21 世纪以后，随着信息化的发展足球世界开始进入一个全新的阶段。不过，在青年队人才的选拔上，比赛录像依然是各级青年国家队主帅们选材的重要手段。

2002 年，时任阿根廷各级青年队总负责人的乌戈·托卡利在收到梅西的录像带之后，并没有将梅西立刻招入青年国家队。不过，当梅西在巴萨青年队发挥日渐出色之后，他再也无法忍受梅西不能为国出战的尴尬，“我无法再忍受这个孩子不能代表青年国家队出战了，他所拥有的一切，已经远超同年龄段的孩子。就在此前的几个夜晚，我在睡觉前总是反复告诉自己，我们需要他。”

当时阿根廷国家队主帅贝尔萨的助手维瓦斯有着很深的纽维尔老男孩烙印，因为他曾经在这里踢球并执教。当梅西日渐声名鹊起，他对这个小个子产生了浓厚的兴趣。

在他的建议下，阿根廷足协于 2005 年准备组织两场友谊赛，希望能对梅西进行近距离的观察。不过，很遗憾，阿根廷足协长久以来的管理与工作上的混乱，让梅西的青年国家队首秀不得不推迟：他们发给巴萨的征调请求中，将里奥·梅西的名字写成了里奥·梅齐，而这次申请理所当然地被巴萨拒绝了。

其实，巴萨拒绝阿根廷足协的征调，还存在私心。因为，当时已经在西班牙居住多年的梅西可以拿到西班牙护照，而西班牙足协也希望梅西能选择为他们出战。只是，对于身体里流淌着阿根廷血液与基因的梅西，拒绝了西班牙足协的邀请。

这样的小插曲，只能推迟梅西青年国家队的首秀，但首秀终究会到来。只是，谁也没有预料到，未能提前给梅西申请西班牙护照的巴萨会因为梅西日后的出色发挥带来一线队注册上的巨大问题。这是后话了。

在 6 月底，阿根廷足协组织了对阵巴拉圭队与乌拉圭青年队的两场热身赛，获得征召的梅西迎来了最好的首秀时机。在首场对阵巴拉圭队的比赛中，与队友、对手相比年龄太小的梅西没有首发，而是在下半场比赛第 50 分钟替补登场。第一次穿上蓝白相间条衫的梅西，数次撕碎了对手的防线并攻入一球，帮助阿根廷队 8 比 0 大胜巴拉圭队。

在此后对阵乌拉圭队的比赛中，再度替补登场的梅西依然有着惊艳的发挥：2 个进球并策划 1 个进球。赛后，阿根廷知名媒体《奥莱报》对于梅西的发挥给予了很高的评价："小里奥完全是另一个级别的球员，2 个进球与 1 次导演进球的出色策划，让他成为 4 比 1 大胜乌拉圭比赛的核心球员。而他比队友以及对手要小 2 岁，这更加不可思议。"

两场友谊赛，梅西交出了完美的考察答卷，而阿根廷青年队总负责人乌戈·托卡利在这两场比赛后，下定决心将梅西带到南美杯赛场上。这项赛事，是针对 20 岁以下球员开设的，也是世青赛的预选赛。当时只有 17 岁的梅西，需要跟比他大几岁的球员展开对抗与竞争。而在青年队赛事层面，每差一岁所带来的身体对抗以及比赛强度上的差异，有如鸿沟。

不过，梅西并没有让乌戈·托卡利与整个阿根廷失望。他深知自己暂时不能冲击主力的位置，他需要在替补席上等待机会，然后展现自己。

小组赛首战，坐在替补席上的梅西在下半场比赛替补拉维奇登场，而登场之后仅仅

5 分钟，梅西就在禁区外得球，用一个横向扯动后的左脚远射攻入一球，帮助球队取得 3 比 0 的大胜。

次战玻利维亚队，再度在下半场比赛替补登场的梅西上演了超级经典的一幕，他从中场断球之后一条龙突击杀入对手禁区，面对门将轻松推射得分，帮助球队再度收获 3 比 0 的大胜；小组赛两轮，梅西都在替补登场后完成了进球。这般出色的发挥，最终让他在小组赛末轮获得了首发的机会。

在该届赛事中，梅西最为关键的发挥还是在 8 强战中对阵巴西队。下半场替补登场的他，攻入了制胜球，帮助阿根廷队以 2 比 1 淘汰对手。在拿到赛事季军之后，阿根廷队获得了荷兰世青赛的参赛资格。

只是，在本届赛事中梅西只有 3 次首发登场，这无疑让人充满遗憾。对此，乌戈·托卡利解释道："梅西还太小，与比他高大、强壮的对手进行对抗，会让他的身体承受巨大的压力与潜在的伤害。2 岁的年龄差看似很小，但是在球员身体层面，却有着鸿沟般的差异，我不想让他过早承担太多，我想小心谨慎地使用他。"

不过，对梅西充满关爱的乌戈·托卡利并没有带领梅西参加荷兰世青赛，因为，他被上调为新阿根廷国家队主帅佩克尔曼的助手，备战 2006 年德国世界杯。继任者是弗朗西斯科·费拉罗，对于球队的名单，他进行了部分调整。日后大放异彩的阿奎罗以及后来转会皇马的加戈，都得以入选。只是，阿根廷队的世青赛之旅，开头却充满了坎坷。

PARA
18
adidas

第四章
问鼎青巅

01

雏鹰展翅

Lionel Messi

2005年世青赛留给人们的美好记忆，除了中国国青队的优秀表现外，想必也就是即将年满18周岁的梅西，在荷兰举行的世青赛上一鸣惊人，并率领全员天才的阿根廷队收获最终的冠军了。很多专家当时就认为，以6粒进球收获金靴奖的里奥·梅西，将会在巴萨闯出自己的一片天。但超出人们想象的是，当年那个在罗纳尔迪尼奥身后拥有超凡速度和灵巧盘带以及过人灵气的矮小少年，如今已成为当仁不让的世界第一人。

历史上的阿根廷国青队共4夺世青赛冠军，分别是1979年、1995年、1997年和2001年，他们也因此在夺冠次数上与巴西队并列第一。2003年世青赛，阿根廷队未能卫冕成功，仅获得第4名。那届比赛中，潘帕斯青年雄鹰败在了宿敌巴西队的脚下，无缘决赛。这使得梅西和队长萨巴莱塔2005年的夺冠渴望更加强烈。没人怀疑这支拥有多名天才球员的球队缺少必需的信心和能力。这支所谓成熟的阿根廷国青队中，不少球员都是两年前世少赛季军成员，因此他们的经验是一笔相当宝贵的财富。

而这次大赛是卷土重来的阿根廷队没有名帅托卡里带队的第一届大赛。托卡里在位期间，阿根廷共夺得了3次世青赛冠军和1次第4的成绩。因此他们来到2005年的荷兰，被当作是夺冠热门也不会让人感到奇怪。本次大赛，由于托卡里被上调到国家队担任佩克尔曼的助教，已经60岁的费拉罗在佩克尔曼的推荐下，顺利地成为国青队的教头。费拉罗曾在低级别联赛中打拼多年，执教经历极其丰富。他希望可以率领球队效仿他的前任所取得的成功，在荷兰创造辉煌证明自己的价值。

面对美国队、埃及队、德国队的“死亡之组”，身处D组的阿根廷队连同主教练费拉罗在内，都显得自信满满。他们坚信自己一定能够夺得最终的冠军，同时也要击败宿敌巴西队，完成四年前的复仇。在荷兰小镇恩斯赫德的格洛施·维斯特球场，阿根廷国青队迎来了他们的第一个对手美国队。那场比赛中，费拉罗派出了经典的“442”阵型。由于梅西在之前的西甲联赛中出场并斩获了西甲首球，因此费拉罗为了梅西的状态以及不被媒体过多吹捧，将梅西放在了替补席上。

事实证明，美国队虽然星味黯淡的标签由来已久，但是他们每一个人都有着极其强悍的身体素质。特别是在青年队和少年队的比赛中，一力降十会、大力出奇迹这样关乎于力量的词汇，就显得格外重要。在美国队的纠缠下，比格利亚、加戈两名依靠灵气和才华决定比赛的选手便根本无法发挥出他们的优势，锋线上的维蒂和阿尔门特罗斯身高都不到 1.8 米，他们也根本得不到中场有效的支援，美国队的“433”阵型完全将阿根廷国青队的组织阵线压垮。在第 39 分钟，司职中锋的查德·巴雷特利用个人能力将球攻入了乌斯塔里把守的大门，美国队在上半场即将结束时取得了领先，给志在夺冠的阿根廷队一记当头棒喝。

出师不利的费拉罗显得有些焦急，美国国青队的身体素质完全力压了以技术和意识为生的“潘帕斯小雏鹰”们，比格利亚和加戈两大核心都显得无比疲惫。此时，费拉罗意识到不能再这样下去了，于是他立刻换下了毫无发挥的阿尔门特罗斯，派上了兼具速度和突破的梅西，让这个娇小且无比灵活的“小跳蚤”去冲击美国队这一条平均身高 1.83 米的后防线。

继承自巴萨和拉玛西亚的优良传统，梅西展现出来的巨星特质显然并不只是控球技术和完美的过人能力。无论是克鲁伊夫、里杰卡尔德乃至后来的瓜迪奥拉，都将前场的

逼抢和压迫看得十分重要。而梅西的登场不仅仅是让阿根廷全队在前场找到传球的方向，而且由于梅西在前场位置的逼抢，阿根廷全队防线前压，让稳坐钓鱼台的美国队慌乱不已。原本准备安安心心打防守反击的美国国青队，反而被气势强劲的阿根廷国青队压制。替补登场的梅西一度上演了连过四人的好戏，将巴萨的好状态带到了国家队。

强壮又不失灵活的美国球员们逐渐发现，梅西在他们的防守下游刃有余，灵活的身体能够在每次经受冲撞时卸力，这使得梅西在球场上很少被硬生生地用力量放倒。身材矮小、脚法灵活的“小跳蚤”每一次变向都能够晃开一个防守队员，这使得美国队的主教练施密德抓耳挠腮、指手画脚地指挥着队员们如何才能压制这个可怕的小个子，同时放弃球队在后场的传球消耗体力，用身体素质迅速压制住阿根廷队的反击。

可惜的是，当时的梅西还未能像如今这般无所不能，同时加戈和比格利亚的体力也消耗殆尽。最终，美国国青队将 1 比 0 的比分保持到了终场，爆出了一个不小的冷门。费拉罗带领的“潘帕斯雏鹰”们出师不利，首战便黯然告负。

身为球队主教练，费拉罗将梅西、卡多索、阿奎罗等人放在板凳上的压力可想而知，阿根廷媒体对于出师不利的口诛笔伐比想象中来得更加剧烈，因为他们输给的是一支星光黯淡的美国国青队。三天后，在同一块场地对阵埃及国青队的比赛，将决定阿根廷国青队本次世青赛征程的命运。痛定思痛的费拉罗，决定用尽全力拼出一场胜利来。而梅西，就是这场关键战役杀敌的锋锐利刃。

初露峥嵘

Lionel Messi

2005 年 6 月 14 日正午 12 点，阿根廷国青队迎战埃及国青队。费拉罗决定这次比赛主动出击，以梅西为逼抢时的核心，全力往前，一鼓作气拿下埃及国青队。体力耗尽的比格利亚被卡多索顶替，而胡安·托雷斯则承担起了中场传接球和防守的任务，“451”阵型给予了梅西最大的发挥空间，同时队长萨巴莱塔略微拖后，给加戈和奥伯曼足够的插上空间，让他们尽全力辅助梅西进行进攻和中场压制。

北非球员的灵动和坚毅被埃及人带到了世青赛的赛场上。梅西和胡安·托雷斯的高压逼抢并没有让这支团结的埃及队慌乱，在梅西将球抢下时，埃及队能够迅速地组织好防线站定，梅西、卡多索、奥伯曼实际意义上的三前锋战术在上半场根本没能打破僵局，反而是“法老军团”这边，希卡巴拉、哈桑·奥萨马双前锋的反击体系使得萨巴莱塔保护着的后防线风声鹤唳，险些造成丢球。

略显焦急的阿根廷队在费拉罗的指挥下迅速稳定下来，下半场开始，阿根廷队的攻势继续加强，而这一次，梅西终于掀开了胜利女神的柔美面纱！第 47 分钟，加戈在中场做出精妙突破之后将球传给了梅西，此时埃及队的后防线迅速组织起了防守工事。但接到球的梅西毫不迟疑，立刻在中路选择快速突破完成射门，GOAL！门将哈马达·马赫迪根本没想到自己在中路的队友会如此轻易地就被梅西突破，阿根廷小将梅西也完成了自己在世青赛上的第一粒进球，为这次世青赛之旅开了一个好头。

稳住局面的阿根廷国青队并未选择乘胜追击。费拉罗换上了阿奎罗后，将梅西的位置稍稍往后撤，使其在边路和后腰位置也能压制住埃及队的进攻。随后，费拉罗干脆将梅西换下以保存体力。在最后伤停补时的第一分钟，队长萨巴莱塔用后插上得分的方式锁定了胜局，最终比分为 2 比 0，阿根廷国青队取得了当届赛事首胜，同时将出线权又握回了自己的手中。

赛后，打破僵局的梅西被媒体大为称赞，人们似乎已经看到了这个阿根廷国青队的小将将会成为巴萨的主力，甚至是核心。而略显瘦小青涩的梅西则表现得十分从容，并没有被铺天盖地的吹捧左右了他在场上的表现。超级巨星的诞生，或许在应对赞誉和批评声的心态上，要占据极大一部分的分量。而梅西，便是兼具完美天赋和从容的王者之气的未来巨星。他没有其他天才少年的锋锐和热血，他总是死死地盯着脚下的皮球以及面前似乎根本拦不住自己的对手们。胸有激雷而面如平湖者，可拜上将军也。

小组赛收官战，对阵欧洲的宿敌德国队，也算开启了梅西与德国队的一段恩怨情仇。这一支被媒体称作史上最黯淡的德国国青队，比起最终夺冠的阿根廷队来说，人员配置相差甚远，他们尚处在德国足球的黑暗年代，还没找到发展的方向。

为了避开德国队“442”逼抢阵型，费拉罗使用加戈拖在单后腰位置，用其擅长的盘带和快速直传来躲避德国队的高压战术，这一招十分奏效。比赛结束时，德国队有4人吃到了黄牌，其中马蒂普还引发了一场冲突，导致另一位后腰胡安·托雷斯被红牌罚下。

而梅西虽然没有进球，却用自己突出的防守吸引能力，帮助卡多索在上半场即将结束时打入了全场比赛唯一的进球，而后自己也用突出的个人能力不断地造成德国队球员们犯规。他在第82分钟时被比格利亚换下。就这样，阿根廷队小组赛3战1负2胜，排在2胜1平的美国队之后强势出线。在淘汰赛的赛场，等待着突围成功的阿根廷队的，是他们在南美洲的老对手——哥伦比亚队。

萨帕塔、祖尼加、瓜林、法尔考，即使13年之后的现在，我们再看这份名单，依然能看出这支哥伦比亚队不乏好手，他们带给阿根廷队的麻烦比小组赛对手更甚。淘汰

赛首轮，费拉罗用司职前腰的阿尔楚比代替了体能耗尽的加戈首发，比格利亚和胡安·托雷斯占据中前卫的位置进行防守，梅西则一直被安排在单前锋的位置尽情地展现自己无穷无尽的过人能力。但哥伦比亚队显然也不是善茬，萨帕塔的飞速防守使得梅西的进攻能力无法得到完全展现，祖尼加也让梅西尝到了钢铁般防守的滋味，这让阿根廷队的攻势展开得十分艰难。

上半场双方互有攻势，且打得有声有色，南美足球的快速和艺术被两支青年军演绎得有声有色。哥伦比亚队方面，司职右边前卫的奥塔尔瓦罗在第 51 分钟时用一脚劲射打破了场上的僵局，阿根廷队此时又陷入了 0 比 1 落后的被动境地。

这恐怕是阿根廷队最为艰难的一战。气势如虹的哥伦比亚队接连换上了未来的世界级球星瓜林和法尔考加强进攻，登场后的法尔考更是突显了“老虎”的绰号，身高同样不高的哥伦比亚人踢球的干净和霸气让阿根廷人无法招架。但是，其中只有一个人能够稳定住这样混乱的局面。

在奥塔尔瓦罗进球后不过 6 分钟的时间，阿根廷场上的局势一瞬间就被稳定住了。因为，梅西进球了。他接到了卡多索的传球，利用自己的爆发力瞬间甩开了防守他的萨帕塔，冲到了阿雷纳斯的面前突然起脚打门！ 1 比 1 ！阿根廷队瞬间将比分扳平。之后，在梅西和萨巴莱塔的领导下，稳定住局势的阿根廷队开始了拼命地奔跑和防守，而哥伦比亚国青队也在法尔考和瓜林的配合下风生水起，僵持的局面一直被拖到了伤停补时的最后一分钟。阿根廷队的矮个子右后卫巴罗索在读秒阶段，利用哥伦比亚队门前的混战完成了绝杀进球，帮助阿根廷队成功地击败了哥伦比亚队，闯入 8 强。

这场艰难的胜利，虽然使得梅西带领的阿根廷队呈现出死里逃生的侥幸，但这场令人精疲力竭的比赛也正是阿根廷队最好的一剂强心针。经受住艰难的磨砺，阿根廷队才会在梅西和萨巴莱塔的带领下继续向前奋进。

03

宿敌同僚

进入淘汰赛以后，阿根廷队就遇上了劲旅西班牙队。在这支“斗牛士”中，有梅西的老朋友——青训时期的好队友塞斯克·法布雷加斯。此外，日后带领“斗牛士军团”连夺3届洲际大赛冠军的西班牙国家队成员，几乎半壁江山都由2005年参赛的国青队提供。可以说，阿根廷队又遇到了一支强劲的对手。

此役，阿根廷国青队依然安排了“451”阵型，梅西依然是球队中最为灵活的球员。这一阵型对于梅西的发挥，有着极其重要的作用。有中锋在身前掩护，梅西可以在对手后卫线和中场线之间的空当区域随意活动。

在本场比赛之前，费拉罗对于“斗牛士”的踢法有着充足准备。严格来讲，当时的阿根廷队阵容里，真正展现出惊人天赋的球员，只有梅西和队长萨巴莱塔。从球队整体实力来说，阿根廷国青队面对西班牙队是处于下风的。要想赢下这场比赛，球队势必要有针对性的布置战术。稳守反击，是阿根廷队本场比赛中的主旨。

没想到的是，费拉罗防守反击的战术，却在比赛中很好地克制住了西班牙队的传控。可能是之前快攻快打的踢法，给西班牙主帅赛斯留下深刻印象。为了压制阿根廷队，西班牙主教练不惜牺牲进攻，安排两名防守型中场，希望打断阿根廷队流畅的进攻衔接。这种战术思想，遇到了放弃主动控球的阿根廷队，遇到了极大的阻碍。防守属性过高的双后腰，没有能力在控球局面下，将这种优势直接转化为进球。球队真正的进攻源泉，胡安·弗兰和大卫·席尔瓦，由于主教练刻意对调，两人在不擅长的方向，踢着不习惯的足球。坐守反击的阿根廷队，在面对较小的进攻压力下，不断发动反击。

高速运动下的一对一，梅西短时间内的快速决策，持球推进，突破冲击都是整届赛事上独一无二的存在。在比赛进入僵持的局面下，正是由梅西接中场球员的直塞，顺势低传西班牙后卫身后，球队前锋巴勃罗·维蒂反越位成功，面对出击的门将，聪明地挑射破门，阿根廷队再次领先。

当然，梅西的表演并没有因此结束。阿根廷队在比分领先以后，得以更加轻松地处理接下来的比赛。很快，阿根廷国青队再次发动进攻。梅西在传球后顺势插上，面对解围球灵巧凌空控制，形成单刀以后推射破门。这粒进球，也帮助阿根廷队成功挺进半决赛。

04 巅峰对决

2005年6月28日，是一个非常有趣的日子。作为南美传统豪强，巴西队和阿根廷队之间的恩怨，完全可以制作成一个系列。而这一天，可能是巴西队和阿根廷队交锋历史上绝无仅有的一天。联合会杯，巴西队决赛击败阿根廷队夺魁。南美解放杯半决赛，巴西俱乐部圣保罗3比2击败阿根廷老牌劲旅河床成功晋级决赛。另一场重磅较量，则是与荷兰世青赛的半决赛交锋。三场比赛的时间间隔不到10个小时，巴西队与阿根廷队之间，从青年队、国家队到俱乐部连续交锋。

而这场世青赛的半决赛，则是火星撞地球的“南美德比”。卫冕冠军巴西队4次拿到世青赛冠军，而阿根廷队也毫不逊色，同样是4次捧杯，因此本场比赛被普遍认作“提前进行的决赛”。比赛开始后，阿根廷队率先发难。还是梅西，在第7分钟，阿根廷队中路快速渗透，巴萨小将禁区前横向带球后突然起脚劲射，皮球直飞巴西队球门上角，阿根廷队1比0抢得领先优势。首次威胁攻势就取得入球！这就是这支阿根廷队最为依仗的进攻尖刀，这也是当时效力于巴萨的“希望之星”在本次世青赛的第4粒入球。

开场双方的试探，一定程度上让巴西队适应了对手的比赛节奏。在接下来的时间里，南美两队都获得了数次前场边路任意球，虽然传球质量很高，但双方门将的发挥也相当稳定。易边再战，已经领先了的阿根廷队姗姗出场，足足让巴西球员等了2分钟。在这个阶段给对手制造心理压力，阿根廷主帅储备的手段相当多。领先之后的阿根廷队稳守反击，这让巴西国青主帅非常难受。一边要防范对手反击，一边又要想办法破开防守，毕竟自己是落后的一方。

可惜的是领先的阿根廷队一直在浪费机会，这也让他们受到了惩罚。果然，下半场第74分钟，巴西国青队获得左路任意球机会。传球精准，皮球落到前点，雷纳托头球破门，将比分扳为1比1平，巴西人用很不细腻的方式扳平了比分。

重回同一起点后，双方开始更加专注于比赛，激烈程度有所增加。教练开始安排球队更多有意识地找梅西，巴萨小将两次强行突破一度搅乱巴西队防线，不过都没有形成最后一击，而他的任意球也在严密监控下失去了施展空间。而巴西队则继续通过定位球寻找机会。

不要以为比赛将进入加时赛，年轻时期的梅西体能还很充沛。面对体能下滑的防线，梅西的发挥会更加精彩。补时第 3 分钟，梅西的个人突破引发了致命攻势，他强行抹过边路防守后沿底线突入巴西队禁区，低平球回传中路，混乱中萨巴莱塔门前施射，皮球击中后卫身体后折线飞入球门，2 比 1，阿根廷队就此淘汰巴西队，晋级决赛。

经历了半决赛的历练，进入决赛的阿根廷队更加沉稳且成熟，梅西的状态也逐步进入了巅峰。对于任何一支在国际赛事中的国家队，球队经历了前期磨炼、中期鏖战、末期爆发三段情况后，除非实力上碾压，否则很难阻挡这种球队的起势。

当然，对手尼日利亚队在本届赛事的表现也不错，他们曾经在小组赛首战 0 比 0 战平卫冕冠军巴西队。从实力上分析，阿根廷队更强，不过尼日利亚队赛前表示他们期待能带给世界惊喜。历史上，阿根廷队曾 4 次获得世青赛冠军；而尼日利亚队在 1989 年进入过决赛，只可惜当时球队以 0 比 2 输给了葡萄牙队的“黄金一代”。

上半场，可能是迫于球队实力差距的现实，尼日利亚队选择主动出击，面对还在找寻比赛感觉的阿根廷队，尼日利亚队气势如虹，连续向阿根廷队的球门发动攻势。为了限制阿根廷队流畅的快攻发起，“非洲雄鹰”通过激烈的身体对抗和强硬防守模式，频繁地制造犯规。不惜力地奔跑的确给尼日利亚队带来巨大优势，他们连续地威胁着阿根廷国青队的后防。在进攻压力下，“蓝白军团”后卫险些酿成大错。比赛第 19 分钟，阿根廷后卫头球解围失误，只可惜奥格布克禁区右侧右脚射门没有打正部位。

随后的比赛时间里，面对冲击力极强的尼日利亚队，阿根廷队受到了严重的压制。上半场比赛中，“蓝白军团”制造的进攻

机会并不多，反倒是比赛进入到第 39 分钟，试图缓口气的尼日利亚人给了阿根廷队机会。梅西前场带球到禁区左侧，奥克容克沃伸腿将梅西放倒，主裁判判罚点球，梅西左脚推入左下角，这是梅西在本届世青赛的第 5 粒进球。

作为领先的一方，下半场阿根廷队决定回收阵容，稳固防守，使得比赛场面再次回到了之前的状态。尼日利亚队继续掌握比赛主动权，果然在比赛的第 53 分钟，奥格布克在点球点附近俯身甩头破门，帮助优势状态下的尼日利亚队扳平比分。这种场面于决赛之中出现，对被扳平的一方是一个非常糟糕的信号，尼日利亚队可以乘此机会继续发动冲击。

好在这个时候，之前比赛消耗非常大的“非洲雄鹰”进入了体能临界点，需要在比赛中有一定的体能回补。似乎正是这种懈怠，让尼日利亚的年轻人们陷入了松懈的状态。第 74 分钟，阿奎罗禁区右侧突破被詹姆斯伸腿放倒，主裁判第二次判罚点球，梅西本场比赛第二次站在罚球点。面对门将，梅西冷静推射右下角入网，阿根廷队重新取得领先，梅西也攻入了本届赛事的第 6 粒进球。再次领先的阿根廷终于找到了球队应有的比赛感觉，决赛的最后十几分钟内，“蓝白军团”将体能和心理状态皆受打击的尼日利亚队压在家门口，拿下了本届赛事的冠军。

阿根廷队在本届世青赛中的表现相当不错，特别是里奥 · 梅西给人留下了深刻印象。这届赛事对于梅西日后的职业生涯有着极其重要的作用，甚至是梅西巅峰踢法的雏形。日后瓜迪奥拉为梅西专门设置的“伪 9 号”，一定程度上参考了本届赛事梅西在这个位置上的精彩发挥。比起日后出名的“梅西走廊”，本届赛事梅西在左右边路频繁活动，前场进攻自由人的理念初有实践。

此外，梅西自己也发现，对手中场线和后卫线之间的距离非常开阔。那时的战术打法对这方面不够重视，通常是由后腰负责拦截，但遭遇类似于梅西这样灵活且聪明的移动，球队的防守就显得十分空旷。在本届赛事上，梅西的关键发挥，通常是在这个区间突破或者冲击，甚至直塞身后。

2005 年的世青赛，给了梅西未来巅峰发展空间的瞎想，而球员自身也很有意识地发展。不管是个人踢球风格还是踢球思维，都是为了更好地发挥更强大的实力，给球队提供更多的进攻贡献。或许这届赛事真的决定了阿根廷人的发展，没有这种踢球方式的夺冠，梅西可能会发展为一名顶级边锋。但有了本场比赛的胜利，梅西拥有了更广阔的发展空间和未来。

第五章

诺坎普之光

01

天才出世

早在2000年，13岁的梅西在接受《首都报》采访时表示，他的梦想是进入巴萨一线队，然后，在诺坎普取得进球并享受现场8万名球迷的欢呼。

这一刻，并没有等待太久。

2003年的11月，梅西在巨龙球场完成了一线队的首秀。这座球场，在2004年的欧洲杯上见证了C罗的横空出世与丢冠后的伤心眼泪，从很大程度上来看，这也是俩人在此后十数年统治世界足坛的标志性事件。不过，梅西要想在对抗激烈的西甲或是欧冠赛场取得进球，难度很大。毕竟，当时的巴萨，锋线上拥有无所不能的罗纳尔迪尼奥、久利、埃托奥等成名球星，梅西需要做的不仅仅是等待，还有尽可能多地提升自己。

青年队已经不能让梅西继续进步，里杰卡尔德也深知这一点，于是，梅西被正式上调到一线队。可是，在赛季前的甘伯杯上，成为主角的梅西却未能进入2005/2006赛季联赛首轮的大名单。这一切，巴萨通过官方公告给予了解释。

在2005年7月8日，西班牙足协修改了西甲青训中17至19岁年龄段的非欧盟球员条款，允许年轻的非欧盟球员代表一线队出战且不占队中的非欧盟球员名额。这个赛季，巴萨的三名非欧盟球员名额被罗纳尔迪尼奥、马奎斯与埃托奥占据，梅西可以登场。但是有诸多西甲球会认定这个条款是专门为梅西而定，并进行了剧烈的抗议。于是，巴萨在考虑到这种情况的负面影响后，暂时雪藏了梅西。

2005年9月26日，梅西站在掌管西班牙公民注册的法官贝西诺面前，进行了庄严的宣誓："不放弃阿根廷国籍，宣誓效忠西班牙国王，遵守西班牙的宪法与法律，选择成为加泰罗尼亚地区的居民，并正式成为西班牙公民。"这个庄严的宣誓，意味着梅西拿到了西班牙的护照，不必再度陷入旋涡之中无法登场。

只是，梅西早就符合入籍西班牙的政策要求，巴萨俱乐部为何不未雨绸缪？在当年巴萨与西班牙足协谋划梅西入籍并代表西班牙国家队出战失败后，巴萨为何如此缺乏前瞻性地终止了这个法律手续的办理？不得不说，当时的巴萨，"梦二队"的构架已经基本完成，且球队在战绩上的提升十分明显。但是，管理层上的不足与漏洞依然明显。

这一切的是非只留给历史评述。梅西需要做的，就是争取攻入他的一线队正式比赛

首球。虽然这粒进球一直没有到来，但他已经奉献了不少次精彩的表现。就像梅西永远不会忘记的那个夜晚，2005 年 11 月 19 日，梅西从中场带球狂奔 40 米，给埃托奥送上的那粒助攻，是梅西在首粒进球前最为惊艳的表现之一，更何况这样精彩的助攻还发生在国家德比中。自此开始，梅西就收获了国家德比战中的充足自信。

“我很清楚地记得，当时皇马的阵型已经较为松散，我中场得球之后身前有巨大的空档。卡洛斯在我的身侧一直在跟防，但是他却没有对我进行贴身紧逼。于是，我带球一直冲到了皇家马德里的禁区线前，埃托奥在跑动中一直在回头看我。这个场景在训练中曾出现很多次，我需要把球交给他然后前插对手防线身后，这样的话埃托奥就可以完成接球射门或是再把球交给我。最终，埃托奥果断地选择了射门，然后得分。这个助攻对于我来说十分关键，因为，对手是皇家马德里这样的强劲对手。收获自信的同时，我开始爱上这种感觉。”

而在 2004/2005 赛季在对阵西班牙人的德比战中完成西甲首秀的梅西，最终在 2005/2006 赛季，那个成功的赛季收获了他的第一个西甲进球。2006 年 5 月 1 日，巴萨在诺坎普迎来了弱旅阿尔巴塞特队。在比赛进行到第 87 分钟时，梅西替换埃托奥登场。2 分钟之后，梅西接到罗纳尔迪尼奥的挑传，然后用一个观赏度很高的挑射攻入一球。

梅西的这个进球，让他成为巴萨西甲联赛的最小进球纪录保持者（这一纪录在 2007 年被博扬改写）的同时，梅西跳上罗纳尔迪尼奥背上的画面，在后世被巴萨乃至世界上的球迷反复提及。在一定意义上，这是巴萨国王衣钵的传承。

LFP
10

02

权杖交接

Lionel Messi

从弗格森爵士与曼彻斯特联的手下抢来罗纳尔迪尼奥，让巴萨终于实现了沉沦中的崛起，可以说，没有罗纳尔迪尼奥，就没有巴萨的“新一代梦之队”，也就没有 1 次欧冠以及 2 次西甲冠军的荣耀。

画面回到 2006 年 5 月 1 日的这个夜晚，在梅西收获联赛处子球之后，他能跳到罗纳尔迪尼奥的背上进行庆祝，有着深刻的含义。考虑到俩人当时在队中的地位以及梅西与罗纳尔迪尼奥十分自然的庆祝动作，已经让媒体与球迷产生了深刻的兴趣。巴西天王，对于阿根廷小将的这种“溺爱”，是俩人友谊的直接体现吗?

只是，足球层面水火不容的巴西队与阿根廷队，出现了两位“巨星”之间的传承与深厚的友谊，一度成为美谈。

性格内敛的梅西，在初到西班牙之后就在青年队遭遇到了融入的困境，在上调一线队之后，面对成名已久的老大哥，梅西显得无比局促。而梅西能快速融入一线队，完全得益于罗纳尔迪尼奥的关爱与指导。梅西此前曾亲口透露：“在当时巴萨的更衣室中，我们这些从 B 队升上来的球员坐在一起，一线队的球星们坐在更衣室 U 型座位的另一边，看起来泾渭分明。有一次，罗纳尔迪尼奥突然走过来告诉我，让我同他们坐在一起。当时，他的座位和德科、莫塔在一起，于是我就跟着他坐到了他们身边，德科与莫塔对于罗纳尔迪尼奥的这个举动并没有表示不满。其实，刚开始我没胆量同他们坐到一起，但是罗纳尔迪尼奥说‘没关系，有他在’。”

更让梅西感动的是，小罗的一句话，彻底融化了梅西的心，“你是唯一一个可以坐到这里的阿根廷人。”考虑到巴西队和阿根廷队在足球上的敌对关系，巴西人与阿根廷人在俱乐部层面能成为朋友的也是凤毛麟角。但是罗纳尔迪尼奥只用一句话，就将他的心与梅西贴在一起。梅西后来还说：“融入更衣室并不轻松，但是罗纳尔迪尼奥帮助我很好地融入了球队，我感到非常的融洽。”

小罗和梅西一个 1980 年出生，一个是 1987 年出生，也算不上一代人。按照伦理纲常来看，以 3 岁作为一个代沟的话，俩人之间足足有 2 个代沟之多的差异。但是他俩的关系，却超越了普通的门户之见、位置之争、年龄之别。唯一可以解释的，大概就是天才惜天才吧。

罗纳尔迪尼奥对于梅西的看重，早在 2004 年就展露出来。当时接受媒体采访时，巅峰状态的罗纳尔迪尼奥已经成为世界上最好的球员，不过，他还是谦虚地表示：“别说我是世界最佳，即使在巴萨，我也不是，因为二队有个小里奥，他比我出色得多，你们可以找机会采访他。”

罗纳尔迪尼奥可以说是这个世界上第一个大牌的“梅吹”，因为罗纳尔迪尼奥从不放过向别人赞扬梅西的时机。篮球巨星科比在 2016 年接受采访时曾透露，早在十几年前，科比来到巴萨参加商业活动时，他与罗纳尔迪尼奥一见如故，而与后者的融洽交流期间，罗纳尔迪尼奥就向科比强烈推荐了梅西，“他（罗纳尔迪尼奥）说有名球员会成为史上最佳。我说‘你不就是最棒的嘛’，但他说‘不不不’！这时候梅西正从远端走过来，然后罗纳尔迪尼奥就兴奋地跟我说：‘你看最棒的人来了。’而这时梅西慢慢走了过来，当时他只有 17 岁。”

在梅西心中，罗纳尔迪尼奥一直是他的大哥和老师，虽然艾马尔曾在梅西心中占据了很重要的地位。只是，罗纳尔迪尼奥逐渐取代了这个位置。后来梅西不止一次跟媒体说：“我最崇拜的球员就是罗纳尔迪尼奥，他是我的老师。”

更关键的是，当时梅西已经逐渐崛起，而且，明眼人都能看出，他将来肯定会威胁罗纳尔迪尼奥的核心位置。另外，罗纳尔迪尼奥在球场外的私生活十分混乱，这导致了

10
MESSI
30

SAMSUNG
mobile
10

他在球场上的状态下滑。而这时候，梅西已经逐渐有挑起大梁的才能，巴萨俱乐部在充分思量之后，决定用日渐成熟的梅西替换罗纳尔迪尼奥，并决心卖走后者。

作为球队的功勋，罗纳尔迪尼奥没有对自己当年如此悉心照顾自己的接班人梅西有过一丝后悔。而知恩图报的梅西，也因为巴萨卖走罗纳尔迪尼奥，第一次公开站到了巴萨的对立面。在诺坎普球场，梅西朝巴萨高层送上了嘲讽手势，而在镜头面前，梅西的炮轰更加猛烈，“罗纳尔迪尼奥是巴萨当时非常重要的一员，正是他的到来改变了球队的历史，然而他离开巴萨的方式和受到的待遇远远比不上他的贡献。这一点让我非常遗憾。”

在小罗宣布退役之后，梅西在个人社交平台上贴出了一张老照片，画面是他和罗纳尔迪尼奥在巴萨的训练场上的场景。他们一起开怀大笑，一起搀扶，照片纪录的不仅仅是青春的样子。而梅西的话语，更能让人感受到他对于罗纳尔迪尼奥的感激与尊重，“就像我一直所说的那样，我在你的身边学习到很多很多，我将永远感谢你帮助我融入更衣室所做的一切，非常幸运可以和你们一起分享这么多的美好瞬间。我非常高兴，因为你除了是一位现象级的球员，还是一位拥有伟大人格的人，这是最重要的。即便你离开了，足球也不会忘记你的微笑，祝你一切顺利，罗尼。”

03

红牌风波

舌头毒辣的穆里尼奥，一直不是同行的好榜样。2006 年 2 月 22 日的夜晚，欧冠 1/8 决赛，巴萨与切尔西再次狭路相逢。穆里尼奥用他标志性的嘲讽语言，给梅西扣上了“演员”的帽子。自此，穆里尼奥就彻底站在了巴萨的对立面，纵然他曾在这家俱乐部工作过。

早在 2004/2005 赛季的欧冠 1/8 决赛，巴萨曾在斯坦福桥球场遭遇 2 比 4 失利而被切尔西淘汰。而 2006 年 2 月 22 日此战之前，巴萨的境遇不是很好。埃托奥离队参加非洲杯、哈维受伤，让巴萨遭遇了联赛的两连败；切尔西方面，穆里尼奥已经率队取得了 49 场主场赛事不败的成绩（38 胜 11 平）。

只是，在这个夜晚，技术流的巴萨与冲击流的切尔西对碰，充满了暴力。梅西在第 3 分钟就用远射考验了切赫，然后，他就开始遭遇到切尔西球员的强硬限制。德尔·奥尔诺在第 30 分钟凶狠踩踏了梅西，没有抱怨的梅西起身继续比赛。

梅西带球被罗本用身体卡位形成断球，丢球后的梅西两次试图超车罗本完成断球，最终，在角球区梅西重新赢得球权，他钻裆过掉罗本之后，德尔·奥尔诺却已经凶狠地

来到他面前，梅西应声倒地。

这一幕，立刻让斯坦福桥球场陷入混乱，罗本与古德约翰森在大声质疑边裁，罗纳尔迪尼奥与德科直接冲向德尔·奥尔诺，愤怒地仿佛要将西班牙人吃掉，而普约尔与罗本已经进入了身体冲突的边缘。混乱的局面最终以红牌结束，德尔·奥尔诺染红离场。切尔西虽然在少打一人的情况下一度取得了领先，但是巴萨还是凭借人数上的优势在客场完成了 2 比 1 的逆转。

只是，这样的比赛剧情让“狂人”穆里尼奥十分不满。赛后接受采访时，他开始了炮轰。而且，以他的语言天赋，他第一次将梅西推向了舆论旋涡。

赛后，穆里尼奥如预料般地发炮：“我有没有因为德尔·奥尔诺染红离场感到失望？请问，你们看比赛了吗？我跟某些掌权者之间存在一些问题，我说这个没关系的，你们可以随便写。但是，我们能做什么呢？能让德尔·奥尔诺的红牌取消吗？能因为梅西演戏就禁赛他吗？结果已经不可更改。但可以确定的是梅西演戏了，加泰罗尼亚是文化之邦，我在那里工作时曾多次前往剧院，那里的戏剧很有水准，而梅西跟着那些出色的演员学到了这些。”于是在接下来的很长时间里，巴萨都扣上“拉玛西亚影视学院”的帽子。

面对穆里尼奥的炮轰，埃托奥率先站了出来，“那些说梅西演戏的人，简直是不知羞耻。”而里杰卡尔德透露道：“里奥跟我说，他的膝盖上有一处伤口，而大腿与脚上也有，他全身上下都是被侵犯后的鞋印子。他说，他不疼，因为赢球了。”

在第二回合的对决中，巴萨如愿淘汰了切尔西，并最终一路杀到决赛。只是，梅西在比赛中受伤下场，他右腿股二头肌的上部肌肉撕裂了 4 厘米，他需要 4 至 6 周的时间才能康复，这意味着梅西将错过与阿森纳的欧冠决赛。

纵然曾因为想登场与里杰卡尔德有过争吵，但是俩人都是为了球队。梅西希望帮助球队问鼎欧冠，而里杰卡尔德则希望保护梅西，只是，当队友们捧起欧冠奖杯时，孤独的梅西都没有下场去领奖牌。

04

复刻传奇

“巴萨断球，哈维传球，梅西得球闪过帕雷德斯，继续带球，又过掉了奥纳乔，面对阿莱克西斯，继续带球。梅西杀入禁区，再闪躲，球快出界了。”

“球进了！梅西的进球，他过了赫塔菲等 4 名防守球员，然后又过掉了门将，右脚射门得分，而右脚并不是梅西的惯用脚！记住这个进球吧，在上半场比赛的第 28 分钟，毫无疑问，这是本赛季的最佳进球。”

“我不想做比较，但是这个进球让我想起了马拉多纳在 1986 年世界杯对阵英格兰队的经典进球。不是同样的进球，不是同一名球员，我不想说梅西是马拉多纳，但是，这一刻我想起了那个进球。”

这是 2007 年 4 月 18 日，巴萨对阵赫塔菲的比赛中，梅西上演连过 5 人的超级进球时，*Digital+* 电视台解说员对于梅西精彩进球的描述。虽然解说员十分刻意地去淡化，但每个球迷都与他一样，想起了马拉多纳的经典进球。只是，在全世界球迷的心中，这一刻的梅西就是复制了马拉多纳的精彩进球，然后帮助球队取得了胜利。

另外，当时上演世纪进球的迭戈 · 马拉多纳，已经 25 岁，而梅西只有 19 岁。

第二天，在国外知名的视频网站上，梅西的这个进球取得了恐怖的点击量，而且，有很多网友专门制作了视频，去对比梅西与马拉多纳的进球。从视觉感官上来看，两人进球的方式、运行路线、过人的方式都有着惊人的相似。而细微的区别在于，梅西的进球用了 12 秒，而马拉多纳用了 10.8 秒；梅西这个进球他跑了 60 米，而马拉多纳跑了 62 米；触球比例上，梅西触球 13 次，马拉多纳触球 12 次……

只是，这些细微的差别已经不那么重要。

西班牙媒体《马卡报》在第二天用一个更加激进但是却很容易让人接受的标题来报道这个进球——20 年 10 个月零 26 天之后，梅西复制了马拉多纳的进球。

作为马拉多纳的接班人，梅西在很多时候都会被拿来与马拉多纳进行比较。当梅西复制了连过 5 人的经典进球之后，又在对阵西班牙人的德比战上留下“上帝之手”。

“梅西拿球，面对防守球员，把球交给埃托奥。埃托奥面对防守，把球交给赞布罗塔，这个球梅西在没有办法用头触球的情况下，而用手，就像迭戈那样，球进了！这一刻梅

unicef

unicef

西就是迭戈，一样的！灵魂附体，我不相信这些东西，但是，这就是马拉多纳灵魂附体，不可能有这么多的巧合。谁给我解释一下，怎么可能在两个不同的人之间，发生两件同样经典且相似的事情？这是梅西，还是变成里奥·梅西的马拉多纳，穿上巴萨的球衣，用左手扳平了比分。”

上述是2007年6月9日，巴萨对阵德比对手西班牙人时，梅西攻入手球进球时*Digital+*电视台解说员的解说场景。而这个“上帝之手”的进球，让梅西与马拉多纳的相似性讨论达到了一个全新的高度。毕竟，作为最新的一个“马拉多纳二世”，梅西在足球场上复制了马拉多纳一生为傲的两个经典。

作为当世名帅，温格虽然对梅西十分欣赏，但并非铁杆“梅吹”，他的点评代表了更多从业者的心声，“梅西就是马拉多纳，只是脚上增加了涡轮增压器。”

当《体育画报》在采访马拉多纳时，进行了这样的提问：“里奥·梅西能追赶上你吗？”对此，迭戈·马拉多纳的回答是：“如果是为了阿根廷足球，那就让梅西超过我吧。”

球员时代曾与马拉多纳在球场上较量过，而又在教练时期执教过梅西的里杰卡尔德，更有资格评判俩人。不过，里杰卡尔德并未直接回答关于俩人谁更好的提问，只是狡猾地表示，里奥·梅西是独一无二的，不过，要将他与马拉多纳联系起来，还要等到他退役之后。不过，里奥与迭戈踢球时都在传递着一种感情：踢快乐的足球，他俩都十分享受踢球的过程。

adidas
19
AFA

第六章
雏鹰振翅

里奥·梅西珍藏传记

01

再溯阿根廷生涯

Lionel Messi

“从开始踢球以来，我经历过很多事情，有些是积极向上的，有些则让一切变得非常艰难。不过，有所有人的帮助，才让我逐渐以自己希望的方式去成长。”——里奥·梅西

在遥远的2005年，布达佩斯，一件细微的小事，却在很大程度上改变了世界足球的版图。2005年的8月17日，18岁的梅西在对阵匈牙利队的比赛中完成了自己的国家队首秀。这场再普通不过的热身赛中，在1比1的僵局下，阿根廷主帅佩克尔曼换上了梅西，他希望能加强全队进攻的同时，让梅西去感受国家队的气氛。

很可惜，所有人都猜到了故事的开头，却无法接受在开头阶段主人公就遭遇噩梦般的40秒：梅西在回追过程中疑似犯规，被当值主裁直接出示红牌罚下。当时的梅西，根本不相信自己的眼睛。“替补登场之后我充满了斗志，因为我知道我在国家队首秀中拿到了25分钟。”

阿根廷队替补席上的愤怒，并未改变当值主裁的判罚，局促不安的梅西无助地走向场边，而他的手臂一直在摆弄着自己的衣角。好在当时的舆论环境对梅西十分宽容。

在2006年德国世界杯的南美区预选赛中，阿根廷队迎来巴拉圭队。佩克尔曼在阿根廷队以1比0领先的情况下给了梅西10分钟的登场时间，在这更加有限的10分钟里，梅西并没有进球，但是却真正地感受到了国家队的气氛。

赛后，阿根廷媒体与那些倔强的媒体实现了默契，他们都将这10分钟定义为Re-debut（重新首秀）。意义不言自明，就是将这场比赛作为

梅西的国家队首秀，希望他能忘掉此前的 40 秒“染红”。“Re-debut”让梅西获得了一个重新来过的机会，然后，他的国家队生涯也走上正轨。在接下来对阵克罗地亚队的友谊赛中，梅西迎来了处子球：比赛中，右侧接球的他用标志性的内切过人甩开了防守球员，用他的金左脚兜出一记漂亮的弧线，皮球直接飞入远端的死角。

梅西的这个进球，让佩克尔曼最终坚定了带他去世界杯的决心，尽管当时的阿根廷队以里克尔梅为核心，并且锋线上有克雷斯波、特维斯与萨维奥拉等世界一流的攻击好手。当时的梅西，虽然已经小有名气，但是却无法撼动这些成名老大哥的地位。

《奥莱报》在当时表示，佩克尔曼将梅西带到德国的目的十分明确，就是让梅西提前感受世界杯，然后尽可能地在比赛中安排梅西登场，看看是否能复制 1982 年世界杯马拉多纳那样的神奇。毕竟 1982 年世界杯赛上，马拉多纳虽然在对阵巴西队的比赛中“染红”离场，但他石破天惊的发挥，给予阿根廷足球莫大的希望，也为 1986 年世界杯夺冠奠定基础。

虽然梅西并未在赛事一开始便为国出战，但是他在随后的小组赛以及淘汰赛的所有比赛中都发挥了重要的作用。

尤其是从现在的角度来说，8 强战淘汰西班牙队是极具含金量的一场比赛。彼时的西班牙阵中有胡安弗兰、略伦特、大卫·席尔瓦和法布雷加斯等青年才俊，并且在之前所有 4 场比赛中共打入不可思议的 16 球，进球率如此之高。面对实力如此强劲的对手，自然离不开梅西的神勇发挥。

上半场比赛开始第 9 分钟，阿根廷队禁区前沿获得直接任意球良机，梅西主罚命中，但是主裁判认为有阿根廷球员在越位位置干扰了门将，所以进球被判无效。不过电视慢镜头显示，主裁判的判罚值得商榷。第 14 分钟，阿根廷队左侧妙传禁区，又是梅西门前头球射门，可惜射门稍稍偏出。

第 18 分钟，阿根廷队前场左侧获得任意球机会，卡多索将球传入禁区，队长萨瓦莱塔门前 4 米处垫射破门，阿根廷队取得领先。然而仅仅过了 13 分钟，西班牙队就依靠高中锋做球给后插上球员的进攻模式，由赞帕特扳平了比分。

下半场阿根廷队加强了中场的绞杀力度。终于在第 71 分钟，萨瓦莱塔中场送出直塞，替补上场的前锋奥博曼反越位成功，面对出击的门将挑射得手，阿根廷队再度取得领先。

仅仅 1 分钟之后，梅西站了出来。第 72 分钟，西班牙队后防犯下大错，萨瓦莱塔禁区内挑传，西班牙队后卫解围出现失误，梅西一个轻巧的转身抹过防守队员，随后在门前 7 米处推射得分，锁定了胜局。最终，阿根廷队 3 比 1 战胜了欧青赛冠军西班牙队。

这里着重讲述对阵西班牙队的比赛，是因为从人才培育的角度来说，青年队将在很大程度上影响之后十年甚至更久的国家队的发展。正如 2005 年的西班牙队一样，阿根廷队在当时也有着一批极为出色的青年球员：比格利亚、萨巴莱塔、加雷、加戈、阿奎罗和梅西，这些人仍然是 2018 年俄罗斯世界杯的阿根廷中轴。

值得一提的是，中国队在 2005 年世青赛中表现也十分不错，小组赛三战全胜，以小组头名出线，可惜的是在 16 强争夺战中以 2 比 3 输给了德国队。而在那支青年军中，冯潇霆、蒿俊闵、赵旭日、董方卓和郜林也都成了国家队的常客。

对阿根廷队来说，这届世青赛不仅为这些年轻人增添了一座奖杯，更为国家队注入了新的希望。在这支活力四射的青年军中，那个在锋线进球如麻、过人如拾草芥的小个子球员，已经展现出了可以在成年国家队占据一席之地的天赋与能力。

2006 年世界杯就要来了，梅西也已经准备好了。

02

首次世界杯

Lionel Messi

2006年的夏天，危局中的意大利队最终夺冠，让“防守足球”一度成为世界足坛的主流。但是，阿根廷队出色的组织传递能力以及德国队的青春风暴，让人看到了艺术足球复兴的希望。在日后西班牙、巴萨、德国队在国家队与俱乐部层面先后封王的日子里，“传控足球”已经成为当世的主流，而梅西与他的队友哈维、伊涅斯塔、布斯克斯最终成为传控王冠上最为耀眼的钻石。

德国工业重镇盖尔森基兴，对于足球有着超乎寻常的热爱。在人声鼎沸的傲赴沙尔克球场，曾经诞生过太多的经典时刻。在2006夏天，阿根廷队在这里，也给世人奉献了一场超级大胜。他们依靠出色的传递能力，完全掌控了局势，并送给了塞黑队一个让人尴尬的6比0。

在本场比赛中，梅西在下半场比赛第74分钟替补登场，迎来了世界杯的首秀。

那时候的梅西，没有胡须与文身，只有阿根廷色彩的长发与清秀的面庞。这一次，梅西迎来了16分钟的表现时间，而在这16分钟的时间里，梅西表现出了无比出色的发挥：传射助攻。

在第78分钟，梅西先是接门将的后场长传制造了对手的犯规，然后，在快发定位球战术中，梅西机敏前插获得队友传递，在充分观察之后，梅西送出了一记精彩的低平球传中，给老大哥克雷斯波送上助攻。然后，他又在第88分钟接应特维斯的传递攻入一球。当皮球从塞尔维亚和黑山门将双腿之间钻入近角的这一刻，在阿根廷球迷的心中回响着一个声音：梅西的首次世界杯之旅，与1982年的马拉多纳是多么像啊。

小组头名晋级淘汰赛，而且，以里克尔梅作为轮转核心的阿根廷队充满艺术气息，他们已经是夺冠的热门之一。在1/4决赛对阵东道主的比赛中，梅西在替补席上枯坐了120分钟，并看着国家队在点球大战中负于准备更加充分的德国队。

那个时候，人们都在苛责阿根廷队主帅佩克尔曼在1比0领先且对于局势进入掌控状态的情况下，太过保守地换下了里克尔梅，然后让德国队在反扑中扳平比分。而佩克尔曼在后续的换人纠错中，没有为梅西留下登场的机会。莱曼与卡恩在点球大战前的有情握手以及“纸条门”事件，成为赛后媒体报道的热点，而梅西在替补席上郁闷得甚至双腿的失望动作，被全世界忽略。

那一刻，梅西意识到自己的第一次世界杯之旅结束了。但是毫无疑问的是，没有人会为此而究责于梅西。这个还不满20岁的年轻人已经在世界杯上发挥得足够精彩。

显然，无论是在梅西自己还是在所有其他人看来，这都不是一届属于梅西的世界杯。对于梅西来说，这次国家队之旅更重要的意义，在于能够感受世界杯的氛围、体验世界杯的意义，并且熟悉世界杯的战法。提前为国征战，并在世界足球的最高舞台上表现自己，对梅西来说无疑是价值千金的经历。

这次经历带来的影响，最终在2008年，北京奥运会上华丽地绽放了。

03

艰难的选择

Lionel Messi

2004 年，梅西通过电视看到了马斯切拉诺、特维斯等日后阿根廷国家队的股肱之臣在雅典封王。这个冠军，对于阿根廷足坛有着不一样的历史意义。回顾奥运会足球项目，在接近百年的征途中，阿根廷只在 1928 年与 1996 年奥运会上拿到了银牌，其余的时间，他们只是这项冠军的看客。正是特维斯等人的出色发挥，让阿根廷队在当时完成了一球不丢夺冠的伟业。

天赋远胜于特维斯以及在 2005 年荷兰世青赛上的完美表现，让梅西成为阿根廷队创纪录卫冕的最大倚仗。而历史上，也只有英格兰队、乌拉圭队与匈牙利队曾在奥运会足球项目上实现过卫冕。只是，上一次实现卫冕确是上古时代匈牙利队在 1964 年与 1968 年完成了神迹。

对于阿根廷民众的期盼，梅西做出了一个举国欢腾的决定，“我万分憧憬，因为那是我的祖国、阿根廷国家队的召唤。我很想跟国家队一起奋战，而且，奥运会对于绝大多数球员来说，是一生仅有一次的机会。如果我能去，我十分开心，我也不觉得这会与俱乐部的利益有所冲突，我坚信俱乐部会理解我。”

当时，巴萨受累于上赛季联赛被比利亚雷亚尔反超，只能以联赛第三的身份出战欧冠资格赛。而且，瓜迪奥拉初来乍到，球队正式进入了一个重建期。梅西一旦征召将很大程度影响到巴萨的夏季备战。而梅西在前场以及边路的突击与速度，对于传控体系下巴萨的局部提速十分关键。

在阿根廷足协与巴萨长达 2 个月的交涉阶段，梅西逐渐成为巴萨的对立面。罗纳尔迪尼奥的离开，让梅西成为诺坎普新 10 号的最佳人选，而且，巴萨已经给梅西开出了年薪 800 万欧元的新合约。从俱乐部层面来看，巴萨为了梅西已经做得足够多。不过，西班牙媒体对于梅西的非议一直没有停止，“巴萨踢欧冠资格的时候，梅西不在？谁给梅西支付工资，是巴萨还是阿根廷足协。球队上下都希望未来围绕梅西打造一支王者之师，但是他却说了一声“回见”就去中国了。要是他像上赛季那样两次受伤，一旦这个糟糕的假设成为现实，谁来埋单？”

不过，从情与理综合来看，巴萨做出了最佳的决定，他们确定了梅西在巴萨的未来，也尊重了其个人意愿让梅西离队前往中国参加奥运会。只是，在 2008 年阿根廷足协公布参赛名单之后，巴萨与阿根廷足协依然在媒体上坚持了自己的观点。是的，巴萨理解梅西与阿根廷足协，虽然他们并不愿意在欧冠资格赛时没有梅西。

阿根廷足协主席胡莱奥·格隆多纳说道：“我们根据国际足联的有关规定去征召梅西参加奥运会，而他也最终出现在了参赛名单里。如果没有梅西，就没有我们现在的球队，如果梅西不接受征召，这就开了一个很不好的先例。梅西为他的祖国阿根廷出战是天经地义的，巴萨已经拥有梅西好几个赛季了，未来也会拥有下去。”

巴萨高管贝里吉斯坦表示：“我们不断在跟阿根廷足协开会。看看吧，国际足联的

具体规则如何去定义，如果从保护我们的角度，梅西应该出现在欧冠资格赛上。”

面对态度强硬的阿根廷足协以及立场坚定的巴萨，国际足联一度也是焦头烂额。最终，时任国际足联主席的布拉特站了出来，“国际足联一直强制要求俱乐部放行 23 岁以下的球员，这条规则在北京奥运会同样适用。”

不过，西班牙职业足球联盟的反击也很有分量，“不存在任何法律条款规定俱乐部必须放行任何球员，而且，与奥运会女子足球不同，奥运会男子足球并没有包含在国际足联为 2008 年到 2014 年的国家队比赛日秩序册中。”

除了媒体的不断解读与球迷们泾渭分明的态度，布拉特与西班牙足球联盟的深度卷入，让梅西处于紧张的外部环境中。这时候，梅西参加了巴萨在苏格兰的夏训。

这种外部的紧张气氛，影响到了巴萨与梅西的备战。在训练期间，梅西罕见的放铲，甚至与墨西哥老将马奎斯发生了冲突。以至于，新帅瓜迪奥拉不得不出面调停。而瓜迪奥拉的调停，不仅仅是队友训练期间的一次平常摩擦，在热身赛大胜希伯尼安之后，瓜迪奥拉除了私底下交流安抚梅西，还公开表达了对弟子的支持，“这种纷争的舆论环境，最终伤害的还是梅西，这也是巴萨与阿根廷足协不愿意看到的。”

对于新帅瓜迪奥拉的安抚与力挺，梅西在接下来的第二场友谊赛中上演了“帽子戏法”，帮助球队大胜邓迪联。然后，梅西在对阵佛罗伦萨的热身赛前公开表达了自己的观点，“要是国际足联认为我不必去参加奥运会，那我就留下来跟随巴萨备战新赛季。如果国际足联认定我必须去，那我就去，因为阿根廷国家队已经不能再这样等待下去，体育仲裁所需要的时间，会给巴萨与阿根廷足协的备战带来巨大的影响。”

几个小时之后，国际足联裁定：梅西必须去参加北京奥运会。

2018 年 8 月 1 日，梅西抵达上海，然后与阿奎罗被分在同一间房间。俩人之间的亲密关系以及阿根廷全队的包容，让梅西暂时远离舆论旋涡，在训练中露出了笑容。

04 奥运夺金路

Lionel Messi

2008 年 8 月 7 日，梅西身披阿根廷国家队战袍，出现在北京奥运会男子足球的赛场上，他们的对手是科特迪瓦队。

已无场外琐事困扰的梅西，立刻在球场上实现了所有人的预期。上半场比赛接近尾声阶段，梅西接到里克尔梅的长传，快速突进的他用一个无比惊艳的卸球，甩开了防守球员，然后在点球点附近将球送入球门。这并不是梅西全部的表演，在 1 比 1 的僵局下，正是他与里克尔梅的精彩配合，让阿根廷队在最后时刻攻入绝杀，取得了开门红。

在中国，当时的梅西已经拥有了大量的粉丝。在 2 比 1 领先的情况下，巴蒂斯塔换下了表现出色的梅西，让他在华夏大地享受球迷们的欢呼。

拥有梅西的阿根廷队顺利晋级奥运会 8 强，此外，暂时没有梅西的巴萨以 4 比 0 大胜华沙克拉科夫队，毫无疑问地晋级欧冠正赛，这是一个多方都满意的结果。

北京奥运会男子足球 8 强战，阿根廷队迎来了强大的荷兰队。

这场依然在北京工人体育场举行的关键战中，阿根廷的民族英雄马拉多纳也来到了现场，他不仅要为女婿阿奎罗加油，也是为梅西鼓劲。

梅西没有辜负国人的期待，在比赛中他攻入了一个精彩的进球，然后又在加时赛中展现出了魔幻的脚法给迪马利亚送上助攻。阿根廷队，像 1978 年世界杯决赛那样，在加时赛中再度战胜了荷兰。

如何评价梅西在这场关键战中的发挥？我们通过视频资料能清晰地看到梅西在球场上的统治性的发挥，而媒体的赛后评价，则更加具有代表性。《号角报》再一次提出了代表性的观点："像梅西这样的天才，可以满足我们几个愿望？从历史长河中的诸多寓言故事来看，应该有三个。但是，梅西给予我们的恐怕只有一个，他传射建功，帮助球队取得了胜利。荷兰队原本有机会击碎阿根廷队的金牌梦想，但是梅西在球场上解决了所有的问题，这就是梅西给我们的唯一愿望，看似缥缈但是无比真实。"

梅西没有自满，面对镜头，他依然有些羞涩，只是手掌不经意间触摸了两次阿根廷国家队的队徽。也许在那一刻，梅西依然在感受带领国家队前进的荣耀。

"我们能晋级半决赛，离不开主帅的部署与全队的努力，我只是做了我该做的一切，

没有全队的努力，我们不可能在艰难的比赛中跨过荷兰这个强大的对手。我们的目标依然没有改变，不管接下来的对手是谁。”

半决赛对于梅西与阿根廷国家队来说，意味着太多。因为，他们的对手是巴西队。

巴西队的阵营中，有梅西在巴萨时的挚友与导师——罗纳尔迪尼奥；巴西队从来没有在奥运会足球项目中拿到金牌，他们迫切希望能实现零的突破。因此，他们在阵容选择上，将罗纳尔迪尼奥招入阵中；最为关键的是，在此前三届大赛中，阿根廷队三次遭遇巴西队的重击，分别在 2004 年美洲杯决赛、2005 年联合会杯决赛以及 2007 年美洲杯决赛中负于对手。因此，梅西与队友承载着金牌的希望，还有对死敌的复仇。

在这场探戈与桑巴的对决中，梅西与罗纳尔迪尼奥并不是“主角”，虽然梅西开场就展现出了灵动的过人差点助攻队友得分，但是最吸引眼球的还是“梅开二度”的阿奎罗。很少有人注意到，赛后拥抱着挚友罗纳尔迪尼奥的梅西在其耳边说了什么。纵然，小罗孤寂的面容看起来十分的落寞，而梅西踮起的脚尖，让整个画面充满了温情。

后来，梅西在参加采访活动时，与著名的阿根廷球迷、知名歌手张靓颖进行互动时说出了一切。“当时我的心情十分复杂，我给了罗纳尔迪尼奥一个拥抱。但是，我却只能告诉他没有什么，这就是足球，我们都应该平静地面对这一切。而他则祝贺了我，希望我们可以在决赛中同样赢球。罗纳尔迪尼奥就是这样的一个人，不管他在场上如何杰出，比赛结束后他又迅速恢复低调。我很感激他对我们的祝福，因为不是每个巴西球员都能祝福阿根廷选手。”

跨过自己挚友进入决赛，阿根廷队拥有夺取冠军的一切因素：梅西的出色发挥、整支球队逐渐找到了默契、中国球迷的支持。最为关键的是，整个阿根廷都希望球队能战胜尼日利亚队完成复仇。

梅西的发挥依然出色，他两次给阿奎罗送上精妙传递，但是，好友的两次绝佳机会均被对手破坏。随着时间的流逝，对手因为体能方面的下降，对于梅西的贴身盯防开始出现松动，于是他们遭到了惩罚：下半场比赛第 58 分钟，梅西后场得球，在对手认定梅西会持球完成推进的时候，梅西一脚开启上帝视角般的传球撕破了对手的防线，心领神会的迪马利亚单刀杀入禁区，面对门将挑射得分。

大师级的传递、大师级的挑射，让阿根廷队完全配得上金牌的荣耀。

炎热的天气以及比赛的巨大消耗，让尼日利亚队已经逐渐丢掉了反扑的起势。巴蒂斯塔这一次，再度展现出了他的成熟，他在第 90 分钟用拉维奇换下了梅西，让他接受球迷的掌声。

对于这个冠军，梅西展现出了此前少有的兴奋。在领奖台上，他放肆地拥抱着好友阿奎罗，宣泄着自己的快乐。而在赛后接受采访时，梅西第一次将激情展露出来：“在之前所有的困难与纷扰之后，冠军让我们全队都觉得一切付出都是值得的，这是一个难忘的经历，我们终于为我们的国家做了一些事情。”

是的，为国家做了一些事情，梅西从来就不曾忘记他的祖国阿根廷。哪怕是当年可以入西班牙籍让他得到更多的利好去选择为西班牙出战，他也没有。

卫冕奥运会足球项目的金牌，让阿根廷队可以像 40 年前的匈牙利队（1964 年和 1968 年）、60 年前的乌拉圭队（1944 年和 1948 年）、100 年前的英国队（1908 年和 1912 年）那样，将卫冕荣耀镌刻在奥运会的历史之中。而且，阿根廷队在两届奥运会上，实现了 12 场连胜的伟业：在 2004 年的奥运会上，贝尔萨治下的阿根廷队自小组赛 6 比 0 大胜塞黑队开始，在接下来的 6 场比赛中 6 战全胜、进 17 球且未失 1 球，并最终夺取冠军。而在巴蒂斯塔的治理下，梅西与里克尔梅、阿奎罗、迪玛利亚等人，再度复制了这个伟业。

谦虚一直是梅西的优秀品质，在接受《奥莱报》采访时梅西坦言：“球迷与媒体都在赞扬阿根廷队的发挥，是的，我们在两届奥运会上不仅完成了卫冕，还有不败与连胜的壮举。这个，首先要感谢媒体的支持，也要感谢贝尔萨主帅此前的夺冠给予我们的指导与激励。另外，我们能拿到冠军，离不开主帅巴蒂斯塔的部署调度以及全体球员的努力，而我，只是做了我应该做的，我为能代表阿根廷出战而骄傲，为能跟这个伟大的团队一起奋斗而自豪。”

从夺冠后的兴奋感激，到冷静下来的沉着应对，梅西又回到了那个如邻家男孩一样的内敛与羞涩。

当他带着奥运会的金牌回到西班牙之后，梅西展现出了他的真诚以及全方位的成熟。

“我帮助阿根廷队拿到了奥运会足球项目的金牌，这对于我来说，已经圆梦了，接下来，我迫切需要为巴萨奋斗下去。毕竟，在给阿根廷球迷带来欢乐之后，我现在想给巴萨球迷带来更多的欢乐。当然，西班牙队虽然没有在奥运会上拿到金牌，但是他们依然强大，伊涅斯塔他们足够出色。”

“能完成梦想，我要感谢巴萨俱乐部给予我的支持，也要感谢瓜迪奥拉教练在舆论纷争时给予我的开导与鼓励。我深刻地认识到，巴萨是我值得奋斗终身的地方，还是那句话，我想给巴萨带来更多的冠军，为巴萨球迷带来更多的快乐。”

unicef
10

第七章

王道开启

01

殊途同归

Lionel Messi

告别了辉煌的奥运会之旅，让我们将目光放回到梅西的俱乐部层面上来。2008 年对于西班牙足球、巴萨以及梅西来说，都是至关重要的一年，这一年是接下来数年里发生的所有大事的根本源头。因此，在我们展开那个彪炳史册的 2008/2009 赛季之前，理应先回顾 2008 年那两件看似无关、却在最后殊途同归的重大事件：

其一是 2008 年夏天西班牙夺得了德劳内杯，加冕欧洲冠军；其二是以拉波尔塔为代表的巴萨高层选用了瓜迪奥拉而不是大热的穆里尼奥作为球队的新任主帅。

我们先来说第一件事。

相比较于 2010 年和 2012 年两届大赛中西班牙队越来越浓厚的“巴萨主义”风格，2008 年的阿拉贡内斯并没有刻意地在球队中强调这种旗帜性十足的名称。一方面以巴萨为代表的“克鲁伊夫主义”足球还没有到真正将各个元素融会贯通的时候，另一方面彼时的阿拉贡内斯基于的战术模板并非完全属于巴萨。融合了巴萨（普约尔、伊涅斯塔和哈维）、皇马（卡西利亚斯、拉莫斯）、瓦伦西亚（席尔瓦、比利亚和马切纳）以及一些效力英超的球员，还有不得不说的大放异彩的归化球员塞纳，阿拉贡内斯设想的是一种近似于强化了中路渗透和防守强度的“超级拉科”式的足球理念。

在这种足球理念中，在确保精确性的前提下追求速度（而不是相反）的传控被提高到了战略核心的地位，且整体的传控优先于整体的压迫，另外与拉科不甚相同的是，边路不再作为战术的根本存在而只是作为中路策略的一种补充；同时，节奏的变化成为球队在进攻、控制和防守三方面的主要手段。

这种融合了“超级拉科”、“克鲁伊夫主义”以及西班牙传统足球的风格，极大程度地激发了哈维、伊涅斯塔、席尔瓦、比利亚和塞纳的风格，并在接下来数年间为法布雷加斯、布斯克茨、皮克等人提供了发挥的舞台。这里尤其要说的是，哈维在阿拉贡内斯的体系中发挥了至关重要的作用。“组织中前卫”这一角色在 2008 年欧洲杯上大放异彩，也让哈维成为继贝莱隆之后，西班牙足球史上最成功的“织梦者”。而在 2008 年之前，无论是范加尔还是里杰卡尔德，都从未能够完全地理解哈维的重要性——前者将哈维用作了一个简单的负责“分边”的组织后腰，而后者则完全将哈维视作德科的替补。

由此我们不得不感叹阿拉贡内斯的智慧。这名绰号“智叟”的战术大师虽然一生忠心于马德里竞技，但是他对足球的理解已经超越了加泰罗尼亚和西班牙之间的历史和地域差异，并将这些看似矛盾的内容融合起来，并直接影响了之后西班牙足球的历史进程。

而“智叟”之后的直接受益者，便是我们第二件事的主角——瓜迪奥拉。

在内忧外患的一个赛季之后，里杰卡尔德的下课宣告了“梦二”王朝的终结，巴萨的帅位成为那个夏天最热门的话题。从传统上来说，自从克鲁伊夫在这家俱乐部取得空前的成功之后，巴萨就和荷兰足球紧紧地联系在了一起。在克鲁伊夫之后，这家俱乐部的主帅在多数情况下都是从那支“梦一”的股肱之臣（雷克萨奇）或者克鲁伊夫的门徒（范加尔、里杰卡尔德）等人之间挑选的。这次也不例外，“梦一”王朝的核心枢纽——瓜迪奥拉，已经从世界各地游历归来，并在巴萨二队有了一年的执教经验。

但是让故事增加悬念的是，拉波尔塔的桌子上还摆着另一个“反传统”的名字——穆里尼奥。

相比较瓜迪奥拉，穆里尼奥的履历显然精彩得多。在 21 世纪初时，穆里尼奥曾是巴萨主帅罗伯森和范加尔的翻译。随后回到葡萄牙的波尔图，并率队一路黑马最终夺冠。在这之后，他又加盟英超新贵切尔西，并率队以创纪录的积分夺得队史第一座英超奖杯。

在告别了切尔西一个

赛季之后，穆里尼奥成为2008年巴萨帅位的大热人选，并有传言称，穆里尼奥将自己为巴萨设计的未来数年的建队方略刻录在了一张光盘里。这张光盘表达了“狂人”对巴萨主教练一职的强烈渴望，甚至也在很大程度上打动了拉波尔塔。更有趣的是，在后来披露当时选帅的种种细节中显示，穆里尼奥当时甚至已经敲定了自己的教练团队人选，其中就有瓜迪奥拉的名字。

但遗憾而又庆幸的是，这张光盘和一腔热忱并没有打动伟大的克鲁伊夫。在拉波尔塔迟迟拿不定主意时，克鲁伊夫果断地站在了瓜迪奥拉的一边。没有人比克鲁伊夫更了解自己的这位徒弟。

在1990年的一场二队比赛中，坐在场边的克鲁伊夫看到了又高又瘦的瓜迪奥拉，后者就移动在中圈靠后的位置上，一脚一脚地将球传递给自己的队友。他既不前插去争取进球，也不盘带去试图突破。球在他的脚下几乎不会有什么停顿，仿佛他很不愿意让球停在自己脚下一样。但神奇的是，这个不愿让球在脚下多待几秒的少年，仿佛是整个球场的圆心，所有的队友都围绕着他在旋转。

克鲁伊夫看了半场比赛就起身离开了，走之前他告诉二队的教练：“这个孩子我要带到一线队去，他是我梦寐以求的球员。”

也许从那一刻起，克鲁伊夫就知道，没有人比这个少年更理解自己的足球风格。这种认知，在2008年那个艰难的选择中，发挥了至关重要的作用。在看到克鲁伊夫发话之后，向来魄力十足的拉波尔塔也决定放手一搏，放弃了显而易见能在短期内创造成绩的穆里尼奥，转而选择了传统风格的进一步延续。

到此，2008年的两件大事都已经有了答案。虽然看上去无论在时间还是在荣誉的归属上，两件事都是风马牛不相及。但是正是阿拉贡内斯将荷兰足球和西班牙足球的融合彻底激发了哈维和伊涅斯塔的能力，为后来的瓜迪奥拉提供了价值连城的战术基石。殊途同归，在历史的节点上，英雄总是偶然而又必然地出现。

2008年5月9日，瓜迪奥拉出任新赛季巴萨主帅。一段波澜壮阔的大戏，就此拉开序幕。

02

“梦二”遗产

里杰卡尔德离开了，跟随他一起离开巴萨的还有两名“梦二”王朝的核心人物：罗纳尔迪尼奥和德科。与他们一同离开的还有图拉姆、赞布罗塔、埃德米尔森和多斯·桑托斯等人。

但是值得注意的是，这次大规模的人才流失虽然看上去声势浩大，但是实际上并未造成十分严重的战力损失。小罗和德科虽然是球队核心，但是2007/2008赛季的全面崩盘已经证明了两人不再有扭转乾坤的能力。而赞布罗塔、埃德米尔森都已到了垂暮之年，图拉姆选择了退役，多斯桑托斯和奥莱格则都已经被证明难以担纲核心地位。

事实上，里杰卡尔德留给瓜迪奥拉的阵容并不残破。门将位置上，巴尔德斯仍然是合格的首发门将，中卫上普约尔和马科斯的组合也十分稳健，左后卫还有2007年夏天引进的阿比达尔，西尔维尼奥也选择留下再战一年。中场方面，哈维和伊涅斯塔已经通过2008年欧洲杯证明了自己在里杰卡尔德和范加尔手下始终是不遇伯乐的千里马，亚亚·图雷也已经展现出顶级组织型后腰的水准。而前锋线上，骄傲的埃托奥留了下来，梅西也已经在奥运会上大杀四方，亨利也在一个混乱赛季后选择了留守诺坎普。

这里尤其要说的是亨利和埃托奥。“海布里之王”本是怀揣着欧冠梦来到了巴萨，岂料遇上了混乱大爆发。但是尽管如此，亨利在2007/2008赛季仍然在30场比赛中打入了12粒进球，是当赛季巴萨锋线最稳定的前锋。而埃托奥本来已经被瓜迪奥拉剔除了新赛季名单，但是倔强的埃托奥拒绝以扫地出门的姿态离开，再加上转会市场上没有合适的替身，因此“猎豹”又回

到了首发中锋的位置。庆幸的是，在新赛季，“大帝”和“猎豹”都证明了留守一年的正确，前者圆了欧冠的梦想，后者则证明了自己的价值。

而“梦二”王朝最重要的遗产，是哈维、伊涅斯塔和梅西。

哈维我们在前文已经说过，2008 年欧洲杯上的指点江山足以证明他的才华。而伊涅斯塔则证明了自己具有另一种天赋：流畅细腻的盘带和突破、精准而富有想象力的传球和全方位无死角的全能技术。在里杰卡尔德手下，伊涅斯塔被球迷称为球队的“第十二人”，可以胜任整个前场的所有位置。在瓜迪奥拉的手下，这样的伊涅斯塔被赋予了“前场自由人”的角色，并将这一角色绽放出别样的光彩。

接下来，轮到本书的主角了。在小罗离开后，巴萨在锋线核心位置上出现了巨大的空缺。亨利和埃托奥都已经是成名的核心中锋，攻城拔寨自然是超级好手，但是在与中场的衔接和小范围防守下的处理球能力上都无法与小罗相媲美，更遑论小罗那天马行空的进攻设计和传球。

但是这一切技术上的短板，都被这个曾经的小罗的“小老弟”弥补了。出身拉玛西亚，在小罗、德科和哈维等人的影响下成长多年的梅西，已经具备了全能前锋的属性。在 2008 年奥运会赛场上，他集组织、调度、突破、射门和吸引防守等多项职能于一身。那个小罗曾经说是“世界最佳”而被人们视为戏谑的少年，已经成为世界足坛第一人的有力竞争者。这条路即便在 2008/2009 赛季也并非一帆风顺，梅西无与伦比的战术价值

也并非在赛季一开始就被发掘出来，这一点我们在后文中将展开详细的叙述。

在阵容上，保留了“梦二”王朝的重要框架之后，巴萨又接连进行了一系列极具魄力的引援。在塞维利亚大放异彩的丹尼尔·阿尔维斯以3550万欧元创边卫转会纪录的身价加盟巴萨，并在接下来近十年间成为巴萨右路的一把利刃。与阿尔维斯一同从塞维利亚加盟的，还有曾在1999年世青赛中击败哈维，获得当届赛事最佳球员的塞杜·凯塔。中卫位置上，瓜迪奥拉从曼联回购了拉玛西亚出身的中后卫皮克。另外，赫莱布、卡塞雷斯、亨里克和平托也都在各个位置上加强了巴萨的阵容厚度。

在一个忙碌的夏天之后，巴萨将在新船长的带领下继续起航。当我们从今天的角度来看里杰卡尔德留给瓜迪奥拉的阵容，“梦二”的遗产不可谓不丰厚。2007年夏天，里杰卡尔德引进了多名正确的球员，但是却无法挽回错误的结局。

也许命运的巧妙就在于此，梅西、哈维和伊涅斯塔等人的历史，终将由瓜迪奥拉来描绘。在这幅历史画卷中，梅西将真正走上神坛，开启真正属于他自己的一个时代。

03 天纵奇才

Lionel Messi

“梦三”王朝的搭建也并非一蹴而就。在瓜迪奥拉执教之初，球队的战绩其实十分尴尬。刚刚在奥运会领完金牌的梅西马不停蹄地赶回俱乐部，在没有参加赛前集训的情况下和全队一起开打西甲第一仗。客场面对弱旅努曼西亚队，巴萨全场狂轰 27 脚射门却一球未进，反而被对手一个简单的反击套路打入一球，以 0 比 1 输掉了开幕战。

2008/2009 赛季，西甲联赛第 3 轮主场迎战桑坦德竞技队，瓜迪奥拉拿掉状态不佳的亨利，派上了赫莱布。出人意料的是瓜迪奥拉派遣从二队提拔的两名菜鸟：佩德罗和布斯克茨。尽管做出调整，巴萨却依旧是得势不得分的局面，围着桑坦德竞技队的半场展开了传控演练，却始终无法把皮球打进球门里去。下半场，在一片对着对方球门狂轰滥炸中，梅西为巴萨打入一粒点球。但是幽默的是，好不容易打入一球的巴萨，在终场前，梅西的老乡加雷，通过任意球的方式强行扳平了比分。巴萨以平局收场。

两连平的开局让西甲媒体彻底炸开了锅，瓜迪奥拉被各界媒体口诛笔伐。但就在此刻，克鲁伊夫再次站了出来。克鲁伊夫在专栏中批评了防线的漫不经心，但是紧接着评价对阵桑坦德竞技队的西甲第二轮比赛，是“巴萨近几年踢得最好的比赛”，前场传切配合十分有章法，并断言这样的面貌一定会胜过皇马。联赛冠军仍然是既定目标。

从第 3 轮西甲开始，巴萨迎来了大爆发。前两轮都是休闲装打扮的瓜迪奥拉突然穿了一身精干的西装。“换西装赢球”的典故由此而来。面对希洪竞技队，巴萨的锋线状态大大提升。梅西、埃托奥、哈维和伊涅斯塔为巴

萨一共打入 6 粒进球，以 6 比 1 的狂胜挽回了声誉，也迎来了球队的大爆发。

在球队的进攻策略上，瓜迪奥拉将进攻核心从锋线撤回到中场线，依靠哈维和伊涅斯塔的指挥能力来组织进攻。在此基础上，亨利和埃托奥在纵向冲刺和门前终结的优势被大大加强，同时梅西在右边锋位置上的爆发也为两名中锋创造了更多的空间。

如果说西甲第 15 轮以 2 比 0 的比分斩落皇马，证明了克鲁伊夫所言非虚的话，西甲第 34 轮的国家德比，则彻底象征着瓜迪奥拉在巴萨战术蓝图上画龙点睛般的一笔。在这场比赛中，瓜迪奥拉完成巴萨攻击力彻底升华：梅西从右边锋改打中锋。

从右路拉到中路，梅西彻底接过了小罗留下的锋线核心的权杖。从为亨利和埃托奥吸引防守，改为驱策两名核心前锋。回归中路的设计缩短了梅西和哈维、图雷以及伊涅斯塔之间的距离，让三名身高体型相近、技术水平互补的拉玛西亚球员能够更频繁地连线。同时，由于将位置放在了对方后腰和中后卫之间，梅西获得了更大的活动空间，对方的后腰因为哈维和伊涅斯塔而不敢放肆地夹防梅西，而对方中卫和边卫则因为埃托奥和亨利而不敢前顶限制梅西。结果，梅西可以在这个区域从容地转身、盘带和调度，彻底发挥自己的全能水平。

不幸的是，皇马成了这套战术的第一个实验对象。在从第 15 轮输给巴萨，到第 34 轮再次面对巴萨，皇马在联赛保持了 18 轮不败，胡安德·拉莫斯的设计不可谓不成功，可惜他又一次遇上了正在高歌猛进的巴萨和不可阻挡的梅西。

胡安德·拉莫斯派上了拉斯·迪亚拉和加戈两名防守型中前卫，试图通过不断的跑动和拦截来斩断哈维和伊涅斯塔之间的传球线路，左后卫上则派上了阿根廷左后卫海因策，来专门遏制梅西。

但是出乎意料的是，瓜迪奥拉在比赛一开始便将梅西调往中路，避开海因策，转而

面对老迈的梅策尔德和卡纳瓦罗。这一记神来之笔不仅让海因策全场茫无头绪、梅策尔德和卡纳瓦罗狼狈不堪，同时陡然增加加戈和迪亚拉的防守难度，结果皇马的左路进攻被彻底浪费，马塞洛频频陷入和阿尔维斯的单打独斗之中，而皇马中路的防守则左支右绌，卡纳瓦罗、梅策尔德、加戈和迪亚拉成为梅西、哈维和伊涅斯塔组合封神的背景板。

比赛一开始便剑拔弩张，开场仅 24 秒，拉莫斯后场横传球被抢断，梅西传球，哈维禁区边缘外的劲射被卡西利亚斯扑挡后没收。第 7 分钟，梅西传球，埃托奥在 22 码（约 20 米）处的射门被卡西利亚斯没收。虽然开场攻势很猛，但是率先进球的却是皇马。第 14 分钟，迪亚拉分球，拉莫斯右路突破阿比达尔后传中，无人防守的伊瓜因在 9 码（约 8 米）处头球破门。

战略上的优势使得巴萨并没有动摇自己的信心。巴萨 3 分钟内连入 2 球反超比分，第18分钟，梅西挑传直塞亨利，已经上前助攻的拉莫斯回位不及，腾空拦截未果，亨利禁区左侧8码（约7米）处单刀直接推射入网。第20分钟，卡纳瓦罗在底线附近对亨利犯规，哈维在左路底线附近任意球传中，无人防守的普约尔在9码处（约8米）头球冲顶破门。反超后的巴萨踢得更加自如，并在第36分钟扩大比分。皇马后场传导失误，哈维抢断迪亚拉，梅西12码（约11米）处单刀推射入网。

下半时几乎将上半场的剧情又演了一遍。第56分钟皇马扳回一城，罗本右路任意球传中，无人防守的拉莫斯近距离头球破门，将差距缩小至一球。但是两分钟之后，巴萨再次杀死了皇马的希望。第58分钟，哈维直传亨利，后者反越位成功并在禁区外面对出击的卡西利亚斯冷静推射，皮球最终滚入空门。第75分钟，梅西和哈维在右侧肋部打出精彩的撞墙配合，梅西杀入禁区右侧推射破门，用自己的联赛第23粒进球彻底杀死了比赛。接下来比赛进入了表演时间，第83分钟，埃托奥禁区右侧传中被卡纳瓦罗挡下，皮克小禁区左侧小角度射门入网，6比2。

梅西在这场经典之战中，以两射一传帮助巴萨取得决定联赛命运的胜利，并且宣告了瓜迪奥拉战术实验的无比正确。雷克萨其和明格利亚在当年违逆众意而做出的决定，在这一刻以前所未有的姿态震惊足坛。

如果说2008/2009赛季开始之前，梅西以奥运冠军和世青赛冠军的身份证明了自己是首屈一指的少年天才，那么这场6比2的大胜，则宣告了梅西已经是世界足坛傲视群雄的超级前锋。他以自己无与伦比的射门、盘带、突破、摆脱、策动、传球和护球能力，成为巴萨锋线上当之无愧的核心人物，成为瓜迪奥拉手中无可比拟的掌上明珠。

伴随着核心地位的确立，巴萨迎来了这出大戏的最高潮篇章，这段天纵奇才的神话，即将成为荣誉陈列室中光辉灿烂的现实。

04

横扫六冠

在 2009 年 5 月 27 日的罗马奥林匹克球场，欧冠卫冕冠军曼彻斯特联与巴萨再度迎来对决。这不仅仅是上赛季欧冠半决赛的复仇之战、西甲和英超之间第一联赛地位争夺的挑战，也是传控足球与速度冲击打法的直接较量。

在赛前舆论中，正值巅峰的曼联和强势崛起的巴萨各有拥趸。英国媒体认为，梅西将无法发挥出往日的光芒，这个观点主要有两点依据：第一，梅西在此前 10 次和英超球队的交锋中，从未破门；第二，他不擅长头球，在长人林立的曼联防线中无法接到球。

出乎所有人意料的是，虽然曼联在开赛初期攻势极猛，但是率先破门的却是巴萨。第 10 分钟，伊涅斯塔中路带球突破塞到禁区右侧，埃托奥巧妙扣过维迪奇，随即抢在卡里克补防前，在门前 7 米处右脚尖捅射被范德萨单手一扑还是滚入近角。

比分上的领先让巴萨在战略上占据了极大的主动，因为对于擅长防守反击的曼联来说，落后则意味着必须加强攻势，而弊端就是会在防守上给巴萨越来越大的空间。

果不其然，领先后的巴萨完全占据了优势。在巨大的技术差距下，曼联始终处于被动状态，克里斯蒂亚诺·罗纳尔多也没有了往日的犀利，只能疲于奔命。

第 70 分钟，梅西奉献了欧冠历史上的经典一幕：范德萨开大脚，普约尔中场右侧断球策动反击，埃托奥右路低传被勾出，但哈维右路再度得球突至禁区前沿准确起球越过费迪南德头顶，梅西后点距门 6 米处头球吊射入远角，2 比 0，巴萨几乎锁定胜局。梅西用这一粒进球打破了之前英国媒体的两个看似牢不可破的观点，这也是他足球生涯 33 场欧冠比赛的第 17 粒进球，并以 9 粒进球加冕 2008/2009 赛季欧冠射手王。

“哈维起脚传中时，已经准确地看到了我的跑位，我当时就感觉我能得到球权，而且，看到范德萨站位靠前，我就选择把球向上顶。”这是梅西在欧冠决赛之后，对于自己那记精彩头球的点评。梅西始终没有讲到人们关心的技术运用，而是将重点放在这个球产生的过程。并非是梅西的头球技艺不精湛，而是梅西很少有机会以这种方式完成破门。

不过，对于爱徒的头球能力，瓜迪奥拉有话说。在此前联赛对阵桑坦德竞技队的新闻发布会上，瓜迪奥拉就表示：“我觉得你们不用去讨论梅西的头球技术，也不用打赌他会不会取得头球，就我来说，梅西有一天会打入一个伟大的头球，然后让你们闭嘴。”

2 比 0 击败曼联之后，巴萨夺取了 2008/2009 赛季的国王杯、西甲和欧冠三项赛事的冠军，以高傲的姿态回应了赛季初期的质疑。从 2007/2008 赛季的崩盘，到 2008/2009 赛季的三冠王，巴萨在梅西、哈维、伊涅斯塔和瓜迪奥拉等人的努力下强势崛起。

豪取三冠王后，巴萨并没有停下脚步。一个夏天之后，巴萨又拿下了欧洲超级杯、西班牙超级杯和世俱杯三项冠军，成为足球历史至今唯一一支在单一自然年里夺得六项顶级赛事冠军的球队，“六冠王”的名号前无古人。

作为六冠王的核心前锋，梅西毫无争议地当选 2009 年世界足球先生并获得金球奖，正式加冕世界足球第一人。而这只是接下来他真正让世人疯狂的表现的开始。

“梦三”王朝和“梅西时代”的大幕，以六冠王的伟业徐徐拉开。

6
8

第八章
登峰造极

里奥·梅西珍藏传记

01

极致传控

2009 年，俱乐部迎来了巨大变动。亲手缔造“梦二”王朝并在 2008 年开启“梦三”王朝的功勋主席拉波尔塔输掉了主席大选，耐克高管出身的罗塞尔成为俱乐部的新任主席，巴萨俱乐部开启了更加现代化的商业时代。

瓜迪奥拉在完成整体战术架构调整之后，开始尝试将传统支点中锋融入传控体系中的实验。由于亨利属于典型的拉丁化中锋、埃托奥又是以无球跑动和冲刺抢点为主，在越来越多的球队开始以密集防守应对巴萨强大的攻击力时，亨利和埃托奥的特点则开始逐渐被限制。于是，可以在禁区内牵制对方后卫的高中锋便成了瓜迪奥拉的首选。他选择了看上去理所应当、但后来被证明完全错误的人选——伊布拉希莫维奇。

在竞技层面上，伊布拉希莫维奇是毋庸置疑的完美人选：他身材高大，身高 195cm 的他比绝大多数中后卫还要高上一截；他技术细腻，在阿贾克斯时期屡屡上演戏耍对手整条后卫线的好戏；他射术精湛，一招“蝎子摆尾”堪称他的独门绝技；他还有不错的组织能力，可以在进攻核心区域站住位置，并为队友做出不错的传球。综合来看，伊布拉希莫维奇具备传统高中锋的身材模板和终结能力，又具备拉丁化前锋的脚下技术和传接球基本功。正是基于这样的考虑，瓜迪奥拉果断地用 2008/2009 赛季大放异彩的埃托奥加免费租借赫莱布再加 4600 万欧元的天价换来了“瑞典高塔”。

可惜的是，故事并没有按照预想的那样顺利发展。伊布拉希莫维奇桀骜不驯的性格和完全核心化的踢球方式与瓜迪奥拉和巴萨格格不入。他既不愿意听从瓜迪奥拉的指示，去融入梅西、哈维和伊涅斯塔构成的精密复杂的跑动体系，也不愿意站在对方防线中间去和对方肉搏，来为身后的队友们创造空间。最后，骄傲的伊布拉希莫维奇和细腻的瓜迪奥拉闹到了水火不容的地步，尽管伊布拉希莫维奇已经表示愿意在新赛季再尝试一次，去融入整套体系，但是伤心的瓜迪奥拉拒绝再给瑞典人一次机会。

除了伊布拉希莫维奇，瓜迪奥拉在齐格林斯基上的试验也宣告破产。以 2500 万欧元高价加盟的齐格林斯基未能在 2009/2010 赛季打出令人满意的水准。但是与伊布拉希莫维奇不同，瓜迪奥拉试图再给齐格林斯基一个赛季的机会来尝试，但是罗塞尔否决了这一想法，并将他卖回老东家顿涅茨克矿工。

另外，瓜迪奥拉在组织后腰的位置上坚持起用新人布斯克茨的做法也在一定程度上影响了图雷、哈维和伊涅斯塔中场组合的身体对抗能力，面对穆里尼奥麾下的国米的强硬防守，对抗不足的巴萨中场无法踢出洒脱自如的传接球配合，这也是巴萨在欧冠半决赛输给国米的重要原因之一。

从结果上来说，2009/2010 赛季当然不能说是失败的。球队在当赛季拿下了西甲联赛冠军，在欧冠赛场上也闯入半决赛。但是参照 2008/2009 赛季的史诗级战绩来说，仅仅一个西甲冠军不得不说也是对瓜迪奥拉多项试验的一种否定，更何况从今天的角度来看，2009/2010 赛季是巴萨完成卫冕欧冠的最好机会之一。

尽管如此，梅西仍然在 2009/2010 赛季打出了足坛第一人的超级表现。整个 2009/2010 赛季，梅西为巴萨在联赛中出战 35 次，打入 34 粒进球，卫冕西甲射手王。欧冠赛场上出战 11 次，打入 8 球，卫冕欧冠金靴，其中在对阵阿森纳的淘汰赛中上演“大四喜”，率领巴萨以 4 比 1 大胜对手。虽然瓜迪奥拉的战术试验未能帮助巴萨在战绩上更进一步，但是梅西的超常发挥为巴萨住稳了至尊宝座，也维护住了瓜迪奥拉的帅位。

2010 年夏天，以巴萨为班底的西班牙队在南非创造了历史，捧起了西班牙史上第一座大力神杯。而梅西在 2010 年也经历了第一届真正属于他的世界杯，这里的故事我们将在后面详细地讲述。

在情感上被伊布拉希莫维奇极大地伤害之后，瓜迪奥拉放弃了高中锋的试验，转而走上了将传控风格发展到极致的道路，而这一选择在后来甚至导致了“梦三”王朝的崩盘。但是在 2010 年夏天，在送走了伊布拉希莫维奇之后，梅西的核心地位被进一步深化，重回稳定的更衣室也重整旗鼓，准备迎接新赛季和新援们的到来。

其中最重要的引援，是西班牙王牌射手——比利亚。在伊布拉希莫维奇确定离开后，

老将亨利也确定转战美国大联盟。虽然享有“六小龄童”美誉的佩德罗已经展现出主力球员的水准，但是显然，巴萨仍然需要一个能够在关键时刻挺身而出的超级球星。

放弃了 2009 年夏天过于理想化的思路，瓜迪奥拉以梅西为核心，选择了瓦伦西亚作为头牌。在体格上，比利亚的身高、步频都和梅西十分接近；在技术上，比利亚不像伊布拉希莫维奇那样占据大量球权，而是人与球结合的速度更快、更擅长传切跑位配合；在位置上，比利亚也不拘泥于中路核心位置，而是可边可中，能够适应前场围绕梅西灵活换位；在性格上，比利亚也更加随和，不像伊布拉希莫维奇那样桀骜不驯，西班牙出身的比利亚也更容易和哈维、伊涅斯塔、布斯克茨、普约尔和皮克等人打成一片。

总之，通过选择比利亚，瓜迪奥拉的战术设想出现了一定程度的回潮，走上了将地面技术发展到极致的道路，整条锋线也都围绕梅西来设计。这支球队已经彻底属于梅西。如果说 2008/2009 赛季，巴萨的爆发要归功于瓜迪奥拉的眼光和哈维、伊涅斯塔与梅西等人的成熟的话，那么在 2010/2011 赛季，巴萨能否更进一步，则完全取决于梅西能否进一步全方位进化。

船的龙骨已经铸就，甲板已经铺好，舵手已经就位，风帆已经升起。能够航行多远，则完全取决于风能够有多强劲、多持久了。

这股风，就是梅西。

02

世纪德比

Lionel Messi

这支球队的第一个对手，就是穆里尼奥和他的皇家马德里。

在痛定思痛之后，皇马主席佩雷斯·佛罗伦蒂诺组建了星光闪耀的“银河战舰二期”，并请来了在切尔西和国际米兰都顽强对抗过巴萨的穆里尼奥。此举的意义十分明显：皇马新时代的第一步，就是要从扳倒巴萨开始。

穆里尼奥也很快组建了属于自己的铁血皇马，俱乐部一改传统拉丁化攻势足球的作风，改为顽强防守、快速反击的主体战术。穆里尼奥一口气买入了赫迪拉、迪玛利亚、威廉·卡瓦略和厄齐尔等人，再加上2009年夏天加盟的卡卡、C罗、哈维·阿隆索、本泽马、阿尔比奥尔和阿韦罗亚，皇马无论在防守强度还是在快速反击上，都已经具备足够的优秀球员。

新赛季12轮战罢，巴萨、皇马两大巨头都未尝败绩。第13轮的首回合，国家德比也因为穆里尼奥的加入而火星四射。两名当世最风华正茂的主帅，两位当世数一数二的前锋，两支当世身价最高的球队，这场国家德比吸引了足坛各界的广泛关注。除去名气和实力的碰撞之外，更多的人是想要看看，穆里尼奥——这名在过去数年间对抗巴萨最成功的主教练，会带领皇马如何继续对抗如日中天的“宇宙队”，他的三后腰体系，能否成功遏制住梅西。

比赛在大雨中举行，更巧合的是，2010年11月30日恰好是巴萨俱乐部111周年纪念日。如此特殊的日子和比赛，诺坎普球场座无虚席——这场全方位都是最强的碰撞，将直接在多个层面决定出谁才是更胜一筹。

比赛一开始，巴萨就拿出极其强盛的势头，梅西、哈维、伊涅斯塔、佩德罗、阿尔维斯和比利亚等人的动作速度明显比平时更快。再加上大雨使得草地更加湿滑，皮球的运转速度更快，坐拥主场优势的巴萨很快就进入了比赛节奏。

比赛刚刚第5分钟，梅西便小试身手。哈维开出右侧角球，阿尔维斯禁区中路右脚推射踢疵。普约尔得球后横传，梅西在禁区右侧几乎零角度的位置上突然用左脚吊射，皮球划过一道极高的抛物线，越过卡西利亚斯头顶直奔球门左上角死角，可惜最后稍稍偏出。

正值巅峰的球员，往往敢于尝试那些年少轻狂的选择。刚刚出道没多久的梅西敢于在赫塔菲的整个半场千里走单骑，敢于在斯科尔斯的铜墙铁壁面前信马由缰，敢于在范德萨的遮天蔽日下一飞冲天，自然也敢于在零度角打出这记匪夷所思的吊射。虽然未能破门，但是这次充满想象力的战术选择融合了梅西的脚法、胆量和无比的自信。这记吊射是一支球队当家球星的舍我其谁，是当世足坛第一人的君临天下。从这一次尝试开始，巴萨与梅西为了获得胜利的狂傲和奋发，将让皇马吃尽苦头。

果然，第 9 分钟巴萨便取得了领先。伊涅斯塔左侧禁区前突然大力直塞，马塞洛铲球解围但没能踢上力量，无人看防的哈维面对卡西利亚斯，用一个非常规的踢毽子的动作将球挑进球门，1 比 0！

取得战略优势的巴萨向皇马防线持续施压，第二粒进球也并未等待太久。第 17 分钟，哈维在右路大范围调度给左路被放空的比利亚，后者禁区左侧晃过拉莫斯后在底线横传，卡西利亚斯接传中脱手，佩德罗从马塞洛身后突然杀出，并在小禁区内右脚将球送入空门，2 比 0！

在两球领先之后，巴萨在中路的渗透更加流畅自如。哈维·阿隆索、赫迪拉和下半

场被换上的拉斯·迪亚拉都无法有效地遏制梅西、哈维和伊涅斯塔之间的传递，尤其是在赫迪拉多次出现防守选位失误的情况下，哈维·阿隆索不得不单对单地面对梅西，结果完全成了梅西主导的进攻表演。

下半场刚开始没多久，梅西便找到了防守的空隙。第 54 分钟，梅西拿球面对不敢上前干扰的阿隆索直传身后，比利亚禁区右侧接球后直接右脚低射破门。3 比 0！尽管稍有越位嫌疑，但是第 4 粒进球则毫无疑问。第 56 分钟，梅西反击中突然直塞，比利亚禁区左侧拿球后，右脚外脚背射门，皮球从卡西利亚斯两腿之间穿过。4 比 0，比利亚“梅开二度”！

两记助攻之后，穆里尼奥指挥被换上场的阿韦罗亚和阿隆索以及赫迪拉对梅西进行夹抢和粗野犯规。但是频频的犯规反而让主帅加紧了比赛的判罚尺度，在多名球员拿到黄牌之后，皇马在防守上出现了严重的思路不一致，大大前顶的防线反而让巴萨有了更多的快攻机会。比赛第 90 分钟，梅西在中路策动反击，博扬在大禁区右侧低平球传中，刚刚上场的小将赫弗伦门前抢点破门，5 比 0！在庆祝进球时，皮克向镜头做出了“5”的手势，成为国家德比历史上最经典的画面之一，而赛前被寄予厚望的穆里尼奥则遭遇了执教生涯以来最惨痛的失利。

比赛的最后阶段成了矛盾的大爆发。拉莫斯在梅西拿球后，从身后粗野地将梅西铲倒，被裁判直接出示红牌。愤怒的巴萨队友上前为梅西报不平，正在走出场地的拉莫斯又推倒了巴萨队长普约尔，并随后用拳头击打了哈维的下巴，而哈维则因自行进场抗议也吃到黄牌。

由于穆里尼奥的到来，由于 C 罗、厄齐尔、迪玛利亚、佩佩、阿隆索、卡瓦略和卡西利亚斯的存在，人们本以为“对抗宇宙队”的征程可以更进一步。但是梅西和他的队友们通过这场载入史册的经典战役向全世界宣告，巴萨仍然是所向披靡的宇宙队，梅西仍然是世界最好的足球运动员。

这场本被认为是火星撞地球的世纪德比，因为强盛的巴萨体系和如日中天的梅西而成为一场惨烈的屠杀，并吹响了重新向足坛霸主地位发起冲击的冲锋号。而更具看点的是，梅西和他的巴萨在欧冠和国内三条战线上又多次和穆里尼奥的皇马狭路相逢，甚至在赛季末出现了 20 天内 4 度上演国家德比的赛程。

战火已经点燃，号角已经吹响，当代球王的复辟征程已经拉开帷幕。

03

最强表演

2010年，FIFA世界足球先生奖项和法国足球金球奖完成了合并，也正是合并后的第一年，金球奖评选出现了巨大的争议。颁奖前呼声极高的是世界杯冠军伊涅斯塔、哈维和国米三冠王兼世界杯亚军的斯内德。但最终的评选中，评委们还是把票投给了里奥·梅西。连续第二年捧起金球奖，他谦虚地承认，自己并非众望所归。

蝉联金球奖，梅西需要用更多的进球回报喜欢他的球迷们。那时的巴萨，也将瓜迪奥拉的足球哲学融进了骨髓。团队的默契最大限度地释放了梅西的能量，在一个各方面趋于完美的球队中，梅西的发挥也如鱼得水。2010/2011赛季，他在各条战线上的不断闪光，让之前金球奖评选时的质疑声烟消云散。在客场8球横扫阿尔梅里亚的比赛中，梅西用一记“帽子戏法”，打进了自己在西甲联赛中的第99、100、101粒进球。刚满23岁的梅西，正在不断冲击着各种传奇纪录，巴萨也在向着三条战线的冠军平稳迈进。

2010/2011赛季西甲第32轮，梅西与巴萨做客伯纳乌，正式开启了两队20天4次交锋的序幕。彼时巴萨已在积分榜上领先皇马太多，这场无关紧要的联赛双方也确实守住了一个不温不火的平局。梅西与C罗在这场比赛中各罚入一粒点球，巴萨对皇马的联赛五连杀也就此戛然而止。最终巴萨联赛以96分完成西甲三连冠，继续统治西甲江湖。

2011年4月28日，赛程迎来了欧冠半决赛的首回合，与上一场国家德比不同，此役巴萨必须拿下，才能大概率晋级欧冠决赛。

在这场焦点瞩目的大战中，佩佩解禁复出，卡瓦略却因停赛缺阵首回合，在联赛中对阵巴萨被罚下的阿尔比奥尔回到首发，另外拉斯·迪亚拉替换受伤的赫迪拉出场。巴萨左后卫阿德里亚诺和马克斯维尔接连受伤，普约尔伤愈客串。巴尔德斯回到门将位置，凯塔替换受伤的伊涅斯塔出赛。

第4分钟，哈维便在30码（约27米）外凌空抽射小试身手，但是经验丰富的卡西利亚斯提前预判好了位置，稳稳地将球接住。皇马随即反击，迪马利亚传球，C罗的远射也被巴尔德斯轻松没收。第10分钟，哈维传球，比利亚右路连过马塞洛和佩佩，最后20码处左脚弧线球射门，皮球擦左侧立柱偏出。第14分钟，巴萨首次在前场打出流畅配合，哈维分球左路，但比利亚禁区左侧边缘内的传中缺乏威胁。

前 20 分钟，巴萨控球率达到 78%，传球成功率也高达 95%。持续的控球让巴萨在第 25 分钟险些破门：梅西送出精准直传，哈维禁区右侧约 11 米处低射被卡西利亚斯扑出。

久攻不下的巴萨和始终未能有所喘息的皇马在第 38 分钟爆发了矛盾。巴萨解围任意球后展开反击，佩德罗无球状态下跑位被阿韦罗亚阻挡倒地，巴萨球员纷纷向德国裁判斯塔克申诉，在第四裁判金霍夫的提示下，阿韦罗亚被黄牌警告。第 44 分钟，阿尔维斯对迪马利亚犯规被罚黄牌。而半场退场时，凯塔和阿韦罗亚的争执致使双方在球员通道口发生混战，巴萨替补门将平托被斯托克红牌罚出。

下半场，穆里尼奥率先用阿德巴约换下厄齐尔，想要通过阿德巴约的跑动和身体对抗能力在前场设置反击的支点，并且下半场皇马加大了防守的力度，开始用不断的犯规打断巴萨的传控节奏。

第 53 分钟，拉莫斯后场对梅西犯规被罚黄牌，他将缺席诺坎普次回合决战。第 57 分钟，佩佩前场捅出皮球后被马斯切拉诺钩倒，阿根廷人被黄牌警告。第 60 分钟，佩德罗切入禁区右侧在马塞洛防守下摔倒，在一旁仔细观察的斯塔克拒绝判罚点球。

皇马第 61 分钟遭遇打击，佩佩前场恶意蹬踏阿尔维斯犯规被红牌直接罚下。穆里尼奥也因为嘲讽裁判而被直接罚上看台。

流失了重要的防守悍将佩佩，皇马的防线开始出现松动。嗅到战机的巴萨在第 77 分钟终于打破僵局，阿费莱在右路突然启动摆脱马塞洛，突入禁区右侧后低平球传中，阿尔比奥尔未能拦截，梅西在中路迅速插上并在前点近距离捅射破门，1 比 0！

仅仅十分钟过后，欧冠历史上经典的一幕出现了。已经打入一球的梅西仿佛一下子切准了皇马防守的脉搏。第 86 分钟，背对球门的布斯克茨停球后原地不动，并让梅西从身前绕了一个弧线将球带走。拿球后的梅西突然启动，在中圈靠前的位置依靠速度从

拉斯·迪亚拉和阿隆索的双人包夹中神奇突破，面对拉莫斯的补防，梅西向右前方再次趟球加速，摆脱了拉莫斯并顺带过掉了阿尔比奥尔。此时马塞洛已经从右侧前来夹击，但梅西用右脚将球路向左稍稍调整后直接在小角度破门得分！

从 86 分钟 15 秒启动，到 86 分钟 22 秒皮球滚进球网，梅西用 7 秒钟的时间连续戏耍了皇马从后腰到门将的 6 名球员。阿隆索、迪亚拉、拉莫斯、阿尔比奥尔、马塞洛和卡西利亚斯，这条世界上最出色的铁血防线，被梅西一个人土崩瓦解。无论从这粒进球的重要性，还是从面对的对手强度而言，梅西的这粒进球都已经超越了他当年对阵赫塔菲时复制马拉多纳的那粒世纪进球，也成为欧冠历史上最精彩的个人表演之一。

虽然马塞洛为皇马拼到了一粒客场进球，但是次回合 1 比 1、首回合 2 比 0 的大局势已经确保巴萨淘汰皇马，可以顺利挺进军温布利大球场。

在那里等候的，是 2009 年夏天功败垂成，如今再次向巴萨发起挑战的曼联。

04

五冠封王

Lionel Messi

有趣的是，2010/2011 赛季欧冠决赛，是温布利大球场创纪录的第 6 次承办欧冠决赛，而两支决赛队伍巴萨和曼联首次捧起大耳圣杯也均是在翻新前的温布利球场。另外，此次进军欧冠决赛的巴萨已经改写历史，第 17 次亮相欧洲三大杯决战，超越皇马的 16 次。同时，这是曼联第 10 次在新温布利球场出赛，也是巴萨第 10 次在伦敦迎战英格兰球队。

从某种意义上讲，这次重逢是两年前决赛的一次延续和升级。在两支俱乐部的 22 名先发球员中，有 13 人曾在奥林匹克球场首发登场。巴萨这边有巴尔德斯、皮克、哈维、伊涅斯塔和梅西共 5 人，另外马斯切拉诺、阿尔维斯、阿比达尔、布斯克茨、佩德罗和比利亚也都首发登场。曼联则完全保留由范德萨、迪南德、维迪奇、埃弗拉、卡里克、吉格斯、朴智星和鲁尼组成的中轴线，法比奥、巴伦西亚和埃尔南德斯替代了两年前的奥谢、安德森和 C 罗。

另外，这次欧冠决赛是当赛季欧冠进球最多的球队与失球最少的队伍之间的较量。在欧冠战线上，巴萨持续着他们超强的进攻表现，而曼联则依靠费迪南德和维迪奇的中卫搭档和弗格森炉火纯青的“442”防守体系，超越了以防守著称的穆里尼奥，成为最强的防守球队。最利的矛和最强的盾，时隔一年之后，两队再次狭路相逢。

与 2009 年类似，曼联一上来就进行了高强度的逼抢，试图抢先开局，取得先进球的战略优势，随后坚持“1 比 0 主义”。

第 3 分钟，埃尔南德斯在大禁区前沿的射门被皮克直接封堵。第 8 分钟，范德萨大脚球到前场找鲁尼，巴尔德斯冲到禁区边缘抢前解围。前 10 分钟，巴萨显然未找到自己的节奏。第 10 分钟，比利亚大禁区边缘的射门也被直接拦下。随即，埃弗拉禁区内防守佩德罗时有手球嫌疑，但主裁判卡绍伊示意比赛继续。

十分钟后，曼联在高位逼抢的强度开始下滑，巴萨逐渐找到了自己的比赛节奏，在曼联半场的传球次数也多了起来。第 16 分钟，哈维右侧横传，佩德罗甩开费迪南德 7 米处抢射打偏。第 19 分钟，哈维左肋横传，比利亚 25 米外躲开维迪奇的正面防守劲射稍偏出右立柱。2 分钟后，比利亚再次接到哈维传球，大禁区边缘右脚劲射被范德萨扑下。

越来越多的射门让弗格森开始意识到危机的出现。前 21 分钟，曼联的越位多达 4 次，这意味着曼联至少浪费了4次精准的快速反击的机会，老爵爷在场边不断地指示弟子做出调整，因为丰富的经验告诉他，当进攻开始不断犯错的时候，防守也就马上会出现漏洞。

果然，第27分钟，哈维接到伊涅斯塔的直塞后中路分球到右侧，曼联队左后场出现大片空档，佩德罗赶在维迪奇滑铲封堵之前15米处冷静右脚低射破门，这是巴萨在欧战赛场的第900个进球。巴萨1比0领先！

落后的曼联好像突然惊醒一样，7分钟后，曼联打出了全场最精彩的进攻配合。第34分钟，曼联前场断球成功后立即策动进攻，鲁尼右肋直塞，禁区内的吉格斯在疑似越位位置上直接横敲，鲁尼抢在阿尔维斯之前14米处右脚推射球门左上角扳平比分，鲁尼的24个欧冠进球也追平了斯科尔斯保持的英格兰球员在欧冠赛场的进球纪录。

随后梅西开始逐渐发力，朴智星因为前十分钟的高强度拼抢而耗干了体力，无法在中场限制梅西的启动。结果费迪南德和维迪奇分别被梅西尝试突破，可惜正当两人渐露疲态时，中场哨声响起了。但是，朴智星的弱点已经被梅西抓到，而弗格森对朴智星的信任使得这个弱点在下半场一直保留在场上，这也酿成了最后曼联的失利。

下半场伊始，巴萨便形成围攻局面，两名中卫马斯切拉诺和皮克轮番前插到曼联禁区内参与进攻。第51分钟，曼联后防左路又暴露空档，阿尔维斯插上劲射被范德萨倒地挡出，随即被放空的梅西在中路再射又被埃弗拉顶出。

第54分钟，梅西接到伊涅斯塔的横传，身后的朴智星干扰不及，梅西见面前的维迪奇和费迪南德都不敢上前干扰，于是果断地在大禁区前沿右脚劲射。范德萨被维迪奇挡住视线扑救不及皮球钻入球门，首次在英格兰破门的梅西也就此追平了范尼保持的欧冠单季入12球的纪录，同时这也是梅西在近两个赛季中为巴萨打入的第100个正赛进球。巴萨以2比1领先曼联。

第59分钟，阿尔维斯铲倒埃弗拉让卡绍伊首次掏出黄牌。2分钟后，朴智星前场传球失误，卡里克中场反抢铲倒伊涅斯塔也吃到黄牌。第63分钟，状态正佳的梅西突然启动，在禁区左侧低射却被重心已经移动的范德萨勉强封堵。

第64分钟，巴萨前场打出精彩进攻。阿尔维斯接哈维过顶传球后轻敲，中路抢点的梅西用脚后跟巧射，皮球直奔球门左下角的死角而去，门线前的法比奥奋力封堵解围救险。但是这次救险却拉伤了法比奥的大腿，第68分钟，弗格森用纳尼换下法比奥。

仅仅1分钟之后，刚刚上场的纳尼连身体都还没跑热，就遇上了梅西在右路的突破。梅西在右路拿球后突然加速变向，纳尼追身不及只能眼看着梅西超车成功。杀入禁区的

梅西倒三角传球被卡里克破坏，但是刚刚回防的纳尼却解围不远，皮球正好落在了布斯克茨的脚下。“布教授”停球后将球直接传给面对球门的比利亚，后者原地摆腿搓出一记漂亮的弧线球，皮球从范德萨的双手间灵巧地钻进了球门。3比1！巴萨锁定胜局。

可以说，正是梅西在上半场敏锐地发现并针对打击了朴智星这一曼联的弱环之后，巴萨才有了接下来的两粒决定胜局的进球。两年前，梅西在维迪奇身前用一记头球打破了英格兰媒体对他的不实断言；两年后，梅西在英格兰的土地上，用一粒进球和一次精彩的策动进攻，让所有对他仍有怀疑的人缄口莫言。

捧起欧冠奖杯之后，巴萨在2010/2011赛季的三条战线上取得了两项战果，虽然在国王杯决赛上以0比1输给了皇马，但是在最重要的联赛和欧冠赛场上，巴萨不仅都捧起了奖杯，而且在通往冠军的路上痛击了这位宿敌。

这其中梅西的发挥自然是决定性的，西甲金靴、欧冠金靴、西甲冠军、欧冠冠军，以及一大串被打破的魔咒和纪录，都见证着这位当世球王的超凡表演。整个2011年度，梅西帮助巴萨拿下了西甲、欧冠、西班牙超级杯、欧洲超级杯和世俱杯共五项奖杯。在一年的“失败”之后，巴萨以五冠王的身份再次叫响了“宇宙队”的名号。

也正是凭借着五冠王的战绩和无解的个人表现，梅西蝉联了2011年金球奖，三次获奖的梅西已经站到了比肩普拉蒂尼、克鲁伊夫和范巴斯滕等人的传奇的高度，而更可怕的是，此时的梅西才仅仅25岁。登峰造极的巴萨和登峰造极的梅西，在这一刻相得益彰。

Qatar
Foundation

第九章
纪录与梦魇

里奥·梅西珍藏传记

01

瓜帅谢幕

Lionel Messi

伊布拉希莫维奇对瓜迪奥拉在情感上的伤害，使得瓜迪奥拉在后来的巴萨生涯中走上了一条将地面传控走向极致的道路。但是足球的战术是一个讲求平衡的整体，平面与空间、技术与对抗、控制与压迫等元素，都应该做到尽可能的平衡。而当瓜迪奥拉选择将其中一个侧面走到极限时，看似强大的往往意味着脆弱。

尽管2009/2010赛季完全称不上成功，但是在战术的均衡性上，伊布拉希莫维奇的存在极大地平衡了各个元素，这一点要优于后来的2010/2011赛季——尽管从战果上来说，后者要光辉得多。从某种意义上来说，2010/2011赛季的成功主要归功于全队上下众志成城。

但是在有一个五冠王的自然年之后，更衣室内开始出现松动的迹象。正如克鲁伊夫所言："你赢过一些冠军后，就不再是100%的状态了，而是90%的状态。就像一瓶苏打水，把盖子拧开搁置一会儿，里面的气就会减少一些。"而正是这些要素，也促使瓜迪奥拉开始更加激进的战术尝试，譬如过分相信节奏控制和前场传导单后卫的"343体系"。

显而易见，在如此强势的战术体系下，巴萨在前场的传控风格达到了一个空前的高度，几乎令人窒息的风格也将巴萨自己的进攻空间越压越小。雪上加霜的是，2010/2011赛季重要火力点比利亚，在世俱杯的比赛上重伤离场，并直接宣布赛季报销。

比利亚的缺席，使得巴萨在前锋线上只有梅西一人具有极小范围内的破局能力，并且无人能够为他吸引多人防守。虽然桑切斯、昆卡、特略等锋线的新鲜血液都表现出不错的战力，但是又都各有缺陷：有着"意甲过人王"名号的桑切斯对巴萨体系的融入始终是个问题，昆卡虽然灵气十足但是对抗和体能都严重不足，而特略虽然冲击力极强，但是对战术的领悟能力不高，再加上多年来被证明佩德罗只能出任无球跑位的角色，因此"梅西依赖症"的出现也就不足为奇了。

对于梅西而言，这种"梅西依赖症"反而更加激发了他的进攻能力。由于瓜迪奥拉完全围绕梅西来设计进攻体系，于是梅西拥有了无限的开火权和战术选择权。再加上正值巅峰的身体状态，梅西在球场上展现出不可阻挡的进球表演。从2011/2012赛季开始，"梅开二度"几乎成了梅西的专有名词。

在近 40 年时间里，欧洲五大联赛的单赛季进球纪录，是由盖德·穆勒保持的。1971/1972 赛季，穆勒不可思议地打进 40 球，成为德甲最佳射手，这一纪录，在之后 40 年的时间里，一直是欧洲五大联赛的单赛季个人进球纪录。往往，一位球员只要打进 25 球以上就能稳拿联赛最佳射手，打进 30 球以上就被视为“神奇”，打进 35 球以上接近穆勒的更是极其稀有。

2010/2011 赛季，C 罗为皇马打进 40 球（该赛季梅西打进 31 球），追平了穆勒的昔日纪录。2011/2012 赛季，梅西和 C 罗双双打破穆勒纪录，C 罗打进 46 球，而梅西则不可思议地在 37 场比赛中打进了 50 球，平均每场贡献 1.35 球。

而在总进球数上，梅西也打破了“金色轰炸机”尘封多年的纪录。1972/1973 赛季，穆勒在德甲打进 36 球，卫冕联赛金靴，另外在欧战和国内杯赛上也打进了 31 球，总计达到了惊人的 67 球。2011/2012 赛季，梅西在西甲联赛打进 50 球，在欧战和国内杯赛上打进 23 球，从而以 73 球的神奇纪录，打破了穆勒保持了 40 年之久的单赛季总进球纪录。在此之前，只有 1996/1997 赛季的罗纳尔多和 2007/2008 赛季的 C 罗曾接近过这一纪录，但是两人分别的 47 球和 42 球，实际上也都相差甚远。

如此惊为天人的表现，2011 年度的金球奖自然也不会花落旁家。在历史性的连续三年拿下金球奖之后，知名媒体路透社发表了简评：“在这个星期一的晚上，瑞士苏黎世成为世界瞩目的焦点，而梅西则是焦点中的亮点。如果说去年阿根廷人获得 FIFA 金球奖殊荣还让人感到非常意外，那么今年梅西再度蝉联该奖项则没有任何悬念。”

在国际足联世界足球先生评选和《法国足球》金球奖评选合并之后，梅西没有让这个奖旁落。在 2011 年里，他和他的队友一起打造了巴萨王朝。从 2009 年至今，梅西已经获得金球奖的三连冠，追平了普拉蒂尼的纪录。此外梅西的队友哈维在这次评选中获得第三名，而巴萨主帅瓜迪奥拉还力压穆里尼奥和弗格森获得最佳教练奖。毫无疑问，巴萨成了最大赢家。

但遗憾的是，个人荣誉的丰收并未能为巴萨迎来一个完美的赛季。在进入赛季下半程后，瓜迪奥拉的续约、将帅不和等问题开始出现苗头，而长期压力过大的工作和管理层旧人的纷纷离去也导致瓜帅动了离开的念头。再加上球队大面积的伤病，战力短缺军心不稳，战场上一定会出现意外。

果然，联赛方面，2012 年初，以 2 比 3 输给奥萨苏纳之后，巴萨已经落后领头羊皇马多达 10 分，几乎提前告别了联赛冠军。而在欧冠上，虽然球队最后一路杀到了半决赛，且对手是菜鸟教练迪马特奥带领的伤兵满营的切尔西，但是仍然未能完成卫冕。

这其中最无奈的显然仍是梅西。在对阵切尔西的半决赛次回合中，瓜迪奥拉变阵“343”以期打破“蓝军”的铁桶防守，皮克、法布雷加斯和昆卡轮换进入首发。巴萨第 3 分钟获得机会，桑切斯数人包夹中传球，梅西突入禁区右侧 10 码（约 9 米）处的射门打在边网。一阵疯狂的压制之后，巴萨第 35 分钟打破僵局，德罗巴解围角球，阿尔维斯突破分球，昆卡禁区左侧传中，无人防守的布斯克茨小禁区边缘外推射入网。2 分钟之后，切尔西再遇打击，特里禁区弧顶无球状态下膝盖顶倒桑切斯，蓝军队长被红牌罚下。

巴萨第 43 分钟扩大比分，梅西突破吸引防守后直传，伊涅斯塔 12 码（约 10 米）处单刀推射破门，2 比 0。但是半场补时阶段，切尔西扳回一城。接过队长袖标的兰帕德送出直传，拉米雷斯禁区右侧 18 码（约 16 米）处轻巧挑射破门，1 比 2。

第 49 分钟，梅西错失了全场最好的机会。法布雷加斯突入禁区右侧在德罗巴铲断下摔倒，裁判判罚点球，

伊万诺维奇也被黄牌警告。站在皮球前的梅西顶着极大的压力，虽然总比分是 2 比 2，但是切尔西手握一个客场进球，所以巴萨仍然是落后的一方。面对切赫的十指关，梅西一脚劲射，皮球骗过了切赫，但却未能骗过横梁。

罚失点球的梅西将脸深深地埋在球衣里，懊悔和沮丧仿佛注定了比赛的结果。第 83 分钟，哈维传球，梅西右路 20 码处劲射再次击中右侧立柱。时运仿佛真的不再眷顾这支王者之师。

而这一次，杀死比赛的是托雷斯。第 91 分钟，阿什利·科尔大脚解围，托雷斯从中线后侧突破至禁区内晃过巴尔德斯射入空门，3 比 2，切尔西神奇地跨过巨人巴萨的肩膀，晋级欧冠决赛。

在欧冠出局后，巴萨在国王杯决赛中 3 比 0 击败了毕尔巴鄂竞技队，为这个失败的赛季挽回了一丝颜面，但是几乎无人为此感到欣喜。因为早在 2012 年 4 月 27 日，瓜迪奥拉就宣布将在赛季结束后辞去主教练的职务。

尽管梅西拿出了无可比拟的超级表现，但仍然未能力挽狂澜于既倒，疲惫不堪的瓜迪奥拉和哈维也未能扶大厦之将倾。伴随着瓜迪奥拉的离开，轰动足坛的“梦三”王朝也已经落下了帷幕。

庆幸的是，巴萨仍然拥有巅峰之年的伊涅斯塔和梅西，最好的组织中场和世界最佳前锋将组成新的基石。

大幕虽已落下，好戏仍未散场，梅西的超神表现也仍然在继续。

02

重返地球

Lionel Messi

瓜迪奥拉留给巴萨的是一套“三条线”几乎都很合理的阵容。

前锋线上，成熟的梅西、佩德罗、比利亚、桑切斯以及年轻的特略昆卡和阿费莱，虽然后两人一直处在长期的养伤中，但是从纸面实力来看厚度依然可观。中场方面，哈维、伊涅斯塔、布斯克茨的“铁三角”，加上已经从阿森纳回归一年的法布雷加斯和已然是西班牙 U21 年龄段核心的蒂亚戈，中场厚度一时无两。

后防线显得有些孱弱，皮克的状态一直成迷，与他搭档的小马哥虽然表现一直不错但是毕竟是后腰出身，属于兼职，在“梦三”的四年里具有重要战术意义却常常被人奉作精神偶像的普队则开始出现明显的下滑，小将丰塔斯和穆涅萨还没有成熟到可以接班的程度。阿比达尔的癌症让左后卫上出现了巨大的人才真空，只有阿德里亚诺一人可用，而右后卫则有阿尔维斯和当时天赋颇高的蒙托亚。门将则依然是“大心脏”巴尔德斯和“常青树”平托。

所以当比拉诺瓦执掌帅印之后，自然将引援方向放在后防线上。巴萨夏天的第一笔动作就是在欧洲杯之前签下瓦伦西亚的前拉玛西亚左后卫阿尔巴，这一笔价值一千多万的引援为日后几个赛季的巴萨战术改革提供了有力的基石。

而另一方面，巴萨在中后卫位置的选择上则让人摸不着头脑。在蒂亚戈·席尔瓦被大巴黎以打包的形式收购之后，媒体普遍认为应该签下当时已经铁定离队且表现十分优异的哈维·马丁内斯。然而毕尔巴鄂竞技一口咬定的 4000 万违约金让一直精打细算的罗塞尔望而却步。但是同时巴萨的后场残局又不能不加以整顿，所以罗塞尔选择了用 1900 万购入阿森纳的副队长亚历山大·宋。而更令人无法预料的是，因为巴萨的犹豫而被拜仁抢先购入的马丁内斯，在当赛季的欧冠半决赛成为杀死巴萨的最关键棋子之一。

天下无不散的宴席，瓜迪奥拉卸任之后，经过一个夏天的筹措，巴萨在新掌舵人比拉诺瓦手下再次扬帆启航。

在 2012/2013 赛季的上半赛季，比拉诺瓦对巴萨的改造可以说对之后连续四个赛季的巴萨风格起到了决定性的作用，对于瓜迪奥拉的遗留问题，比拉诺瓦采取的方案是修正而不是重建。毕竟与瓜迪奥拉常年的合作让他二人在思路上保持了高度的一致。在巴萨的季前赛以及上半赛季的比赛中，巴萨表现出了巨大的变化。

第一，巴萨的中长传数量开始显著增加，比较明显的是皮克和巴尔德斯这两个点开始更多地与前锋连线，重用法布雷加斯也使得前场的挑传直塞和身后球数量大大增加。

第二，巴萨开始更多地尝试远射，梅西在中路位置的后撤更深。

第三，巴萨修正了瓜迪奥拉后期的四名中场的战术选择，回归传统的“433”体系，这一点尤为重要，这意味着瓜迪奥拉后期通过增加人数而强行增加控球的选择被放弃，转而开始更加强调有效控球。

从当赛季的上半赛季来看，比拉诺瓦的选择是正确的。2012 年欧洲杯决赛的大师级表现证明了哈维依然可以在他想要发挥全力时做到惊人的统治力，同时伊涅斯塔的发挥更是启发比拉诺瓦将他树立成继承哈维的前场进攻串联核心。在经历了夏天的主帅变革之后，比拉诺瓦选择了平稳地过渡来逐渐修补战术漏洞。

也正因如此，梅西的发挥才能一如既往的稳固。

在哈维的统治力下降之后，梅西开始逐渐接手一部分中场的组织工作，尤其是法布雷加斯，同时具备踢中场和伪中锋两个位置的能力，在更多地替代哈维首发之后，他与梅西之间的换位反而更加适应节奏更快的比赛风格。

而另一方面，伊涅斯塔和梅西之间的配合也愈加默契。

2012 年夏天的欧洲杯，伊涅斯塔以大师级的表现拿到赛事最佳球员，并帮助西班牙队卫冕成功，完成连续三届大赛夺冠的宏伟事业，开创了名副其实的“斗牛士”王朝。

在 2012/2013 赛季上半程，伊涅斯塔延续了欧洲杯上的强势表现。由于比拉诺瓦治下的巴萨比赛节奏更快，伊涅斯塔大量地在禁区前沿持球、突破并完成最后一传。因为在身高、步频和思维节奏上的高度一致，伊涅斯塔与梅西的默契配合成了当时巴萨最重要的进攻手段之一。

虽然在压制能力上，2012/2013 赛季的巴萨已经不如瓜迪奥拉时代那样强大，但是前场的个人能力反而因此得以发挥得更加彻底。在伊涅斯塔、法布雷加斯和佩德罗的帮助下，梅西完成了前无古人的神迹。

“宇宙队”虽重返地球，但球王仍然高坐神坛。

03

疯狂纪录

这座神坛，便是破历史纪录的单自然年 91 粒进球。

2012 年 1 月和 2 月只是小试牛刀的起步，无论是对阵马拉加的连场火热，还是对阵瓦伦西亚的“大四喜”，梅西的状态再度震惊了全世界。此时的他几乎无所不能：长途奔袭之中，如同穿梭的精灵，闪转腾挪间拨云见日；禁区边缘，他动如脱兔，疾风般的启动，脱敌于无形；曼妙的挑射，更是他智慧与技术的结晶；连曾经专属于 C 罗的任意球，梅西也开始登堂入室。戏耍库尔图瓦的一幕，也让人过目难忘。球迷们开始意识到，这一年的梅西似乎无法阻挡，已经到了随心所欲的地步。起初那两个月，他一共打进 17 球。但人们没有意识到的是，这只是惊为天人的开始。

2012 年 3 月梅西迎来真正的爆发，他在这一个月中打进 13 球，并且留下了一连串纪录。月初的国家队比赛日，阿根廷队客场 3 比 1 击败瑞士队，梅西上演了在国家队的第一个“帽子戏法”。而比赛场地，正是 1954 年伯尔尼奇迹的诞生地——瑞士国家体育场，传奇曾在这里诞生，也在这里续写。

2012 年 3 月 7 日，欧冠 16 强第二回合，巴萨坐镇主场面对勒沃库森，此时的梅西已经加足了马力，没人知道他会带来怎样的表演。最终的结局，巴萨以 7 比 1 狂胜，梅西单场打进 5 球，创造了欧冠的历史纪录。直到今天，仍然没有哪一名球员，可以在欧冠淘汰赛中奉献这样的壮举。他迅疾的启动、鬼魅的跑位、轻盈的最后一击，让这一天的诺坎普陷入欢腾。赛后主帅瓜迪奥拉表示，这个时代，无疑是属于这个男孩的。

梅西的疯狂还在继续，而当时的人们更关注的是另一项纪录。在月底对阵格拉纳达队的联赛之前，梅西在 7 年的时间中，已经为巴萨俱乐部打进了 231 粒进球，距离队史传奇射手塞萨尔·罗德里格斯的 232 球纪录近在咫尺。而超越传奇，就在 2012 年 3 月 22 日的诺坎普。那一夜，巴萨以 5 比 3 击溃格拉纳达队，梅西再度上演“帽子戏法”，并在一个曾经高高在上的纪录上，改写下了自己的名字。

至此，梅西在 2012 年第一季度，已经打入了不可思议的 30 球，平均每个月有 10 球入账。在西甲的积分榜上，随着皇马连续犯错，他们已经将分差缩小到可以追赶的距离。欧冠淘汰赛激战正酣，国王杯赛场巴萨同样高歌猛进。在低谷中逆行，梅西的宇宙级爆发，

MESSI
10
unicef
UNPOWER
23
HB
make.bel ve
TM

JULIO CESAR
25
VIAMOS

让球队在赛季末一下子豁然开朗，光明的前途，似乎触手可及。

进入 4 月，梅西的巅峰表演还在继续，他在欧冠 8 强战对阵米兰的次回合比赛中，打入了两粒点球，也就此创造了 1992/1993 赛季改制以后，欧冠单赛季进 14 球的历史纪录。即便放眼此前欧洲冠军杯的年代，也只有米兰名宿阿尔塔菲尼与之并列。虽然这个纪录在之后被 C 罗打破，但在当时，这个纪录是前无古人的。

西甲的赛场上，尽管输掉了与皇马的天王山之战，但是梅西进球的势头更加迅猛。在与 C 罗的你追我赶之中，他将单赛季西甲的进球数字，定格在了前无古人的 50 个。如果说曾经的特尔莫·萨拉是望尘莫及的对象，如今的梅西，将仰望的壁垒以指数级别巩固。

俱乐部的休赛期，梅西依旧火力全开。在国家队，3 月份的“帽子戏法”只是开始。夏日的锤炼中，他率领阿根廷队与老对手巴西队狭路相逢。这一次，一场酣畅淋漓的 4 比 3，梅西再次大演“帽子戏法”。其中锁定胜局的世界波，更是让人荡气回肠。

全世界都在瞩目梅西的表演，此时巴萨正在经历四年来最大的变革，新帅比拉诺瓦将继承王朝的衣钵。而枪管热得发烫的梅西，能否在新帅手下延续此前的状态呢？新赛季即将开始，在未来的一段时间内，球迷们似乎抛开了传统意义上对于荣誉、对于冠军的执念，开始纯粹地欣赏这位天才的华丽演出。

梅西没有让人失望，从赛季初的西班牙超级杯开始，他的进球如期到来。而在 8 月

和 9 月的进球浪潮之后，人们忽然发现，巴萨的联赛成绩甚至要比过去的每一年都好，几乎以全胜战绩领跑积分榜。

来到 10 月的当口，梅西已经打进了 63 球，这个成就，放眼过去 100 年的世界足坛，在他身前的，也只有盖德・穆勒、球王贝利、罗马里奥等极少数名字。考虑到上古时期，尤其是南美的比赛花样繁多，而梅西的进球，大多出现在欧冠、西甲、世界杯预选赛这样的顶级赛场，含金量无可置疑。

他依旧活力四射，在联赛首回合国家德比中，又一次上演了“梅开二度”。他的任意球绝技，也从此刻开始，正式成为球王的新标志。一个月的时间匆匆溜走，梅西的功劳簿上又增加了 10 粒进球，人们终于开始意识到，他距离真正的传奇已经不远了！

73 球，还剩两个月，距离传奇的年度进球纪录只剩下 12 球。梅西只要保证场均一球的效率，就能染指这个遥不可及的梦想！而回看过去的十个月，那数不清的“梅开二度”和“帽子戏法”，让球迷们产生了无数美好的遐想。后面的每一场球，人们都在见证历史，就像曾经狂热的信徒们，追逐贝利千球时一样激动！

那年的冬天来得格外迟。11 月的脚步匆忙过去，时间来到了 2012 年 12 月 10 日，皇家贝蒂斯的洛佩拉球场，梅西带着年度 84 球的傲人成绩，走进了这里。恍惚之间，40 年如同一场梦。开场仅 16 分钟，当他在禁区腹地灵动突破之后，一脚劲射，纪录追平，全场陷入一种难以名状的情绪当中。

9 分钟之后，圣光普照，伊涅斯塔鬼魅的一磕，如同上帝的交接棒，将改写历史的那粒皮球，送到了梅西的脚下。只见他从容起脚，皮球清脆入网。没有人知道，这一刻的他内心是怎样的波动，队友们集体相拥，他们一同成了历史的见证者。

漫天的雪花也没有阻挡住梅西前进的脚步。2012 年 12 月 23 日，在这一自然年的最后一场比赛，客场面对巴拉多利德队的比赛中，梅西不负众望地再次进球，也就此将自然年年度进球纪录定格在了 91 球这个数字上。再华丽的辞藻，也难以形容他的伟大。在总共出场的 69 场比赛中，梅西在其中的 47 场比赛取得进球。场均 1.32 球，22 次“梅开二度”，6 次“帽子戏法”，2 次“大四喜”和 1 次“五子登科”。其中在联赛中，梅西为巴萨打进了 59 球，这也帮助球队创造了年度联赛进球 121 粒以及年度联赛 103 分的新的队史纪录，前者也写上了西甲联赛的荣誉簿。

在这 91 粒进球中，除了 14 个点球外，梅西还有 65 个禁区内进球，这与巴萨传切打法也是牢牢相关的。而在禁区外，梅西的表现同样凶猛。12 粒远射破门中，有 7 粒为直接任意球得分，也让那段时间任意球前的梅西成为守门员的梦魇。

从进球部位来看，91 粒进球中有 81 粒是由左脚打进的，而右脚和其他部位一共只收获 10 粒进球。从进球时间来看，比赛临近尾声是球王爆发的最佳时刻，他在比赛第 75 分钟之后收获了 24 球，为各时间段进球最多。而在第 61 至 75 分钟之间，他也有 17 球入账。也就是说，在比赛的最后半小时中，梅西收获了接近 91 球中的一半，这与对手拼到最后体力不支有关。在对手防守最薄弱的时候，往往就是球王爆发的时刻。

疯狂的一年之后，梅西再次带走了 2012 年度的金球奖。再见，盖德·穆勒；再见，传奇贝利，再见，那些善良的名字。从这一天起，世界上最不可思议的进球纪录，属于这个精灵般的潘帕斯少年。他还只有 25 岁，却早已写就旷世传奇，我们有幸活在这个年代，有幸目睹了上古传说般的表演。

2012 年，上帝希望足球更加精彩，于是，他派来了梅西。

04

逆转与无奈

伴随梅西将第四座金球奖收入囊中，巴萨的2012/2013赛季进入命运多舛的下半程。

2012年12月19日这一天，巴萨官方宣布传统的圣诞节午餐取消，原因很简单——球队主帅蒂托·比拉诺瓦癌症复发，将于第二天接受手术，并暂时离开帅位。而这，就是接下来一系列问题的开始。

为求稳妥，罗塞尔选择了比拉诺瓦的助教鲁拉来代行主教练一职。但是既没有十足的经验也没有更衣室管理能力的鲁拉在战术上十分保守，只能一成不变地延续比拉诺瓦的用人。而在遇到强敌时，鲁拉也没有战术调整的能力，只能极大可能地派上球队的主力，然后寄希望于这些才华横溢的球员。

前文已经说过，比拉诺瓦的改造有一个很现实的基础：以哈维为代表的多名重要球员在运动力方面大幅下滑。瓜迪奥拉在2010/2011赛季之后越来越奉行小个子、技术灵巧的球员而战略放弃了身体对抗上的特质。这样的选择在哈维保持高频率的动作速率和强大的跑动能力的时候自然能够充分发挥地面传递的优势，即传球成功率高，节奏变化频繁，皮球运转速度快，等等。但是在饱受腿部的比目鱼肌伤病困扰的2011/2012赛季之后，哈维的身体机能已经大不如前。比利亚更是因在世俱杯上的一次失误动作而导致腿骨骨折，休养了大半个赛季以后爆发力和速度都明显下滑。在这样的状态下，鲁拉的保守无疑是对主力阵容的一种严重透支。

首先的恶果，就是在欧冠赛场上输掉了对阵AC米兰的首回合。面对坐镇主场的AC米兰，巴萨的这批球员在半个赛季的消耗后显得毫无活力。先后被蒙塔里和凯文·博阿滕破门。两名加纳球员给了巴萨当头一棒，落后两球的巴萨面临出线危机，好在，这支巴萨还有梅西。

回到主场，马斯切拉诺和比利亚替换了普约尔和法布雷加斯出任首发。巴萨拿出了一往无前的气势，其中梅西更是开场亮出了绝佳的状态。

第5分钟巴萨就取得领先，巴萨在禁区前连续配合，哈维传球，梅西在AC米兰5名球员包夹中左脚打出世界波，皮球直入球门左上角，阿比亚蒂无能为力，1比0，梅西打进对AC米兰运动战第一球，也创造了自己第二快的欧冠进球。

此后双方互有往来。第 13 分钟，梅西再次考验阿比亚蒂。阿尔维斯传中被解围，伊涅斯塔凌空爆射，阿比亚蒂奋力将球扑到横梁上，梅西头球补射打在边网上。第38分钟，巴萨险些被 AC 米兰打入客场进球。蒙托利沃长传，马斯切拉诺冒顶，尼昂中路高速插上获得单刀机会，一脚斜射却打在立柱上，巴萨逃过一劫。

1 分钟后，米兰付出浪费机会的代价，伊涅斯塔抢断安布罗西尼后妙传，梅西禁区线上闪开梅克斯后左脚抽射打入球门左下角，2 比 0。梅西打入欧冠第 58 球，第 5 次攻破 AC 米兰球门。

梅西的连入两球帮助巴萨在总比分追成 2 比 2 平。但是要晋级，巴萨不仅需要再取得进球，同时还不能够丢哪怕一个球。第 48 分钟，巴萨前场抢断，梅西带球突破到禁区线上斜射，阿比亚蒂将球没收。第 53 分钟，沙拉维开出角球，博阿滕凌空打门偏出。

第 56 分钟，哈维直传，康斯坦特铲球失误，比利亚得球后左脚弧线球射入阿比亚蒂把守的大门，3 比 0！比利亚为巴萨反超了总比分！伤愈归来后始终起起伏伏的比利亚在如此关键的时刻站了出来。进球后的滑跪庆祝让整个诺坎普沸腾了。

但梅西的表演还没有结束。直到补时阶段，梅西后场抢断发动快速反击，桑切斯右路低传，包抄到位的阿尔巴轻松破门，4 比 0！巴萨彻底锁定 8 强席位，米兰被淘汰出欧冠。

在后来 2016/2017 赛季的逆转大巴黎之前，此役一直被奉为欧冠淘汰赛的经典逆转案例。不仅是因为巴萨在这场比赛中稳定、成熟和精彩战术配合，更是因为梅西出色的个人发挥。4 粒进球中的 3 粒都与梅西相关。他先是“梅开二度”强行将巴萨和 AC 米兰拉到同一起跑线上，随后又在比赛最后的决胜阶段策划进球，彻底杀死了悬念。

虽说进入到 21 世纪后，足球便已不再是一个人的运动，但是梅西仍然有能力以一己之力改写比赛的结果。

但是尽管如此，过度的消耗也让梅西的身体逐渐吃不消。在对阵巴黎圣日耳曼队的淘汰赛前，梅西出现了伤情的反复。两场皆战平的巴萨最终也依靠客场进球多才勉强晋级半决赛。而半决赛等候他们的，是兵强马壮、高举高打的拜仁慕尼黑。

当巴萨传统的小快灵风格无法控制住年轻的米兰时，那么成熟狠辣的拜仁则不会给你任何的生机。

首回合做客安联球场，刚刚复出的梅西连赛前合练都没能参加便被安排首发出场。疲惫的巴萨众将被拜仁的虎狼之师彻底碾压。尤其是中场被彻底遏制，哈维和伊涅斯塔无论如何闪转腾挪，都无法摆脱马丁内斯和施魏因施泰格的严防死守。而完全没有达到

状态的梅西也陷入了与博阿滕和丹特之间的纠缠。结果全场比赛梅西只有一脚射门，巴萨以 0 比 4 输掉首回合。

次回合回到诺坎普，面对巨大的分差，巴萨几乎放弃地将梅西放在了替补席上。士气全无的巴萨在主场再次被拜仁三球血洗。总比分 0 比 7，巴萨遭遇了历史上最惨痛的欧冠失利，而更令梅西绝望的是，自己在两场关键比赛中几乎全无发挥。伤病完全限制了这位世界最佳球员的脚步。这次罕见的耻辱出局，梅西虽然无责，但却无奈。

相较于欧冠赛场上的彻底失利，巴萨在联赛上始终保持着高歌猛进的态势。最终以平皇马纪录的 100 分重夺联赛冠军。而国王杯方面，马竞在决赛 2 比 1 战胜皇马，几乎象征着西甲三强鼎立的时代拉开了序幕。

2013 年 7 月 9 日，比拉诺瓦因为身体原因离任，巴萨属于比拉诺瓦的赛季正式落下帷幕。

但是这家百年豪门必然不会就此折服。2013 年夏天，巴萨为梅西带来了一位备受瞩目的天才帮手——巴西天才内马尔·达·席尔瓦。内马尔的加盟象征着巴萨重回巅峰的决心，也象征着在接下来数年间仍然以梅西为核心的方针。

新的进攻风暴，在 2014/2015 赛季，再次席卷而来。

QATAR AIRWAYS

第十章

王者归来

01 战斧降临

Lionel Messi

国家队的遗憾，也许是梅西一生的遗憾，但幸运的是，他还有巴萨，这样一个世界级的职业俱乐部豪门，国家队由于选材结构的单一限定性导致球队无法随心所欲地选择人员的更替，使得梅西得到更强队友这样的梦想无法在阿根廷队顺利实现，而这一切在俱乐部层面不是梦。

随着 2012/2013 赛季欧冠半决赛巴萨史无前例的惨败之后，巴萨上下一直憋着一股劲想重返巅峰，之后的夏季转会窗，巴萨以官方宣布的 5000 万欧元收购了巴西新王内马尔（据很多可靠消息渠道分析，这笔交易所牵涉的资金远不是 5000 万欧元这么少），向全欧洲足坛宣布了自己重建复兴的决心，同时也向巴西市场进行了再一次的战略性开拓。

但由于内马尔加盟巴萨的时候才 22 岁，尚未处于个人职业生涯的巅峰年龄，再加上他此前从未在欧洲职业足坛有过效力经历，自身身体类型属于纤弱瘦小类型，脊椎力量和腰背肩背的肌肉力量较差。所以在加盟巴萨的第一个赛季内马尔虽然展现出了超凡的传球、接球、停球、带球、过人突破、射门的综合技术能力以及不俗的战术素养、足球智商，但仍然受限于其羸弱的身体在对抗时陷入对方欧洲化肌肉力量群的围剿当中不可自拔，经常在巴萨需要他进行局部单点爆破的时候，无法稳定成功地完成爆破，影响了巴萨的进攻效率。

再加上 2013/2104 赛季巴萨在后防线引援方面仍然没有实质质的突破，球队的后防线仍然倚重身体机能下滑伤病摧残了很久的“梦二”、“梦三”殿堂级功勋老将普约尔。

而中场方面，伟大的哈维也已经过了他的职业生涯的巅峰阶段，天才中场法布雷加斯由于在英超效力太久，过分增肌，身体灵活性始终达不到巴萨技战术标准对组织型中前卫的要求，所以这赛季巴萨在西甲和欧冠两条线的发挥和成绩仍然不尽如人意。虽然在西甲联赛的两回合国家德比当中马蒂诺的球队实现了对安切洛蒂时代皇马的双杀，但球队由于中场和后防线年轻化建设的不力作为，当遇到了西甲一支悄然崛起的新势力——第三极的马德里竞技，西蒙尼的铁血之师的时候，这个赛季巴萨两回合西甲和两回合欧冠 1/4 淘汰赛面对马竞，都没有取得胜利。最终仍然使得这赛季的巴萨四大皆空，欧冠冠军和西甲冠军最终都属于了马德里这座城市。

在这样的局面下，巴萨需要进一步的引援建设，加强球队的极限战斗力，为此，2014 年夏天，巴萨以创队史纪录的 8100 万欧元价格完成了对利物浦王牌中锋苏亚雷斯的天价收购，一支锋线“三巨头”形成的新一代王朝之师隐约成型，虽然所有球迷、职业足坛都不敢百分之百地确信这一点。

继亨利、埃托奥以及比利亚、佩德罗之后，梅西终于又等来了世界级的两位锋线队友，他可以重启无坚不摧的前场进攻群。

另外，在这个夏窗，巴萨还以 2000 万欧元的价格收购了巴伦西亚中卫马蒂厄，2000 万欧元收购了阿森纳队长维尔马伦，1200 万欧元价格收购了皇家社会王牌布拉沃，1800 万欧元收购了塞维利亚王牌中场拉基蒂奇，1200 万欧元收购了德国门将特尔施特根，夏窗总计花费了大约 1 亿 6300 万欧元进行补强建设，同时出售了始终未能达到预期的法布雷加斯。

如此强势的引援，令所有巴萨球迷都为之期待，但由于之前两年西甲和欧冠的不如意，各界对这样一支新巴萨的未来前景仍然充满了迷茫，可以说 2014/2015 赛季的巴萨是在充满了期待和质疑交织的氛围当中启航的。

02

危机与中兴

Lionel Messi

虽然在西甲赛场上，巴萨依然具有很强的竞争力与统治力，但是，皇家马德里在欧冠中的出色发挥，让梅西的竞争对手克里斯蒂亚诺·罗纳尔多得到了更多的支持。2013年、2014年金球奖的旁落，对于梅西来说是一个打击。因为，他一生的宿敌克里斯蒂亚诺·罗纳尔多，在连夺两个金球奖的情况下，在金球奖的总数量上只落后他1个了。

2014/2015赛季，是后瓜迪奥拉时代巴萨的又一个巅峰，也是梅西的巅峰。

各项赛事的6连胜开局，让巴萨从一开始就占据了联赛争冠的有利地位。不过，在首回合国家德比客场以1比3负于皇马之后，巴萨又在下一轮联赛中客场以0比1负于塞尔塔，遭遇连败。这样的起伏，让巴萨赛季初的积分优势荡然无存。

真正让巴萨陷入问题的是球队客场以0比1负于皇家社会队的比赛。

在这场比赛前，巴萨虽然表现得依然强势（各项赛事10胜1平），但是，他们已经落后竞争对手皇马。在本轮比赛中，皇马意外输球，而巴萨并未抓住机会客场拿下对手实现积分上的反超，反而以0比1爆冷负于对手。

最让球迷担心的是，恩里克在本场比赛中将梅西放在了替补席上，而且，恩里克做出这种决定的原因，据说是为了惩罚梅西在假期之后归队时间比预期晚。虽然，在一定情况下这种做法是许可的，但是恩里克还是选择了“杀一儆百”，“做出这样的决定，有些球员就不会处于思想与斗志的危险之中了。而且，错过训练课，又经历长途旅行之后，他们的身体状态也未能调整到最佳，我也不想冒险让他们登场，从而增加受伤概率。”

不过，当晚的巴萨，不仅开场1分钟就送上了乌龙大礼，而且，整场比赛他们都处于斗志缺失、创造力不足、热情消退的局面中。梅西无缘登场，让巴萨很难制造绝佳的得分机会追回比分。这场失利，对于巴萨的打击很大。愤怒的球迷，开始质疑管理层，并攻击主帅恩里克。恩里克与马蒂诺不同，恩里克并不像后者那样对大牌球员近乎溺爱般的信任，而是希望能用纪律性将球队打造成铁板一块。只是，巴萨的大牌球星们，需要逐渐实现过渡。

最为关键的是，这场失利让巴萨的矛盾有了公开化的趋势。0比1负于皇家社会队后，梅西负气缺席了队内训练，恩里克要求俱乐部的工作人员给梅西打电话，梅西并没有接

KROOS
8

电话，这让两人的矛盾公开化。当时，恩里克准备惩戒梅西，不过他的行为被俱乐部高层制止了。

而在过渡期间，梅西与恩里克之间的关系开始紧张。在队内训练中，梅西遭遇到了动作幅度较大的铲球，但是恩里克并没有吹停训练。再加上此前对阵埃瓦尔队的比赛中，恩里克曾要求梅西轮休进入替补席遭到拒绝，这一切就这样毫无预兆地爆发了。据马蒂厄在蒙特卡洛电视台透露："梅西与恩里克的关系变得十分紧张，而且，俩人发生了争吵。"

作为职业球员的梅西，并不会因为以上琐事就与主帅发生激烈的争吵，而根本原因，则是恩里克的诸多举动因为沟通不畅造成了将帅关系的矛盾。比如，在履新的新闻发布会上，恩里克直言自己才是球队的领袖，这让梅西十分惊讶。另外，据卢克·卡伊奥里透露，恩里克想将梅西的好友佩普·科斯塔从俱乐部除名。这让梅西感觉恩里克在针对他，而恩里克也没有提前与梅西进行沟通，造成了彼此之间的误解。

这种误解的产生，让巴萨赛季初期展现出的好态势，有了接近消逝的可能。而这一切得以缓和，还是归功于哈维。

在此前的金球奖颁奖典礼上，梅西公开表达了哈维配得上金球奖的话让哈维十分感动，这最大限度地拉近了俩人的关系。作为更衣室的大佬，哈维看到了恩里克与梅西的矛盾，然后出来调停。

根据《每日体育报》揭秘，当时哈维打电话告诉梅西，希望他暂时搁置同主帅的争议，否则的话，巴萨整个赛季都会毁于一旦。哈维的话让梅西意识到问题的严重性，而在全队放假后，梅西摆出了低姿态，他主动加练，以此向恩里克服软，在看到梅西主动示好后，恩里克也见好就收，两人的关系开始修复，巴萨的战绩也开始一路飙升。

《每日体育报》还揭秘，梅西的两条"Whats App"也起到了至关重要的作用。当时巴萨队内有"Whats App"的聊天群，而媒体通过这个软件向队友发送了两条信息，"如果我们继续这样下去，很显然我们不会在今年赢得任何东西"、"我们不能让这个赛季属于皇马"。

03

最强 MSN

经过哈维的调停，梅西与恩里克各自让步使球队实现了内部的平稳，然后，巴萨取得了 28 胜 1 平 2 负的傲人战绩，一举奠定了冠军伟业。

在这个辉煌的赛季，梅西的第一个重要时刻出现在 11 月 22 日，梅西在诺坎普攻入了征战西甲联赛的第 253 个进球，超过了特尔莫·萨拉在 60 年前创造的 251 球的队史纪录，成为西甲联赛历史第一射手。而萨拉的女儿在接受媒体采访时坦言："梅西或许是总进球数目最多的球员了吧，但是我并不觉得梅西打破了我父亲的纪录，因为我父亲是在 267 场比赛中攻入了 251 球，梅西则是花了 280 场比赛。"

只是，他忽视了现代足球的防守力度、防守体系对于进攻球员的巨大限制。

对于这个破纪录的时刻，梅西十分淡定："当我进球时，我没想过要破什么进球纪录，更不用说要思考一下是否破了伟大的特尔莫·萨拉先生的纪录了。我之所以能取得这样的成就，就是因为在我的职业生涯里，有那么多人来支持我，我现在想把这些成就送给他们，感谢所有人一直以来的陪伴与支持。"

这种截然相反的态度，成为很多人更加喜爱梅西的重要原因。虽然已经足够出色，但是梅西在不断打破纪录以及创造神奇的过程中，他总是充满了谦卑。

就在大胜塞维利亚队的比赛后的第 3 天，梅西又迎来了一个破纪录的时刻。在对阵希腊人竞技队的欧冠比赛中，梅西攻入了球队 4 个进球中的 3 个，这个"帽子戏法"让他成功超越劳尔以 74 球成为当时欧冠历史上的最佳射手。面对潮水般的赞誉，梅西还是那么的谦虚："我很高兴，因为我能在欧冠进球总数上超越劳尔这样伟大且非凡的球员。不过，最重要的是，进球让我们距离柏林（欧冠决赛场地）又进了一步。本赛季我们有机会拿下欧冠冠军，而我们全队也在为这个冠军而努力奋斗。"

时间倒回到 2014 年的冬天，当年的金球奖评选已经进入尾声阶段。纵然梅西有着出色的发挥，但是克里斯蒂亚诺·罗纳尔多凭借同样突出的发挥，在金球奖的评选中占据着领先的优势。虽然梅西率领阿根廷队杀入了世界杯的决赛，C 罗的葡萄牙折戟小组赛，但是，在关注度同样高的欧冠赛场上，皇家马德里是 2013/2014 赛季的胜利者。这就不难看出，梅西为了帮助球队拿下冠军以及个人再度冲击金球奖，他对于 2014/2015 赛季

欧冠如此看重的原因了。

虽然梅西在 2014 年的金球奖评选中输给了 C 罗，但是在苏黎世，梅西的和蔼举动却让他得到了全世界的赞誉。颁奖典礼开始前在后台休息室中，梅西遇到了一个他的小粉丝，那就是 C 罗的儿子——“迷你罗”。面对孩子童真的眼神，梅西一改往日腼腆的风格，用手抚摸着“迷你罗”，亲切地问道：“你好啊，今晚你过得怎样？”

而 C 罗则对着梅西说：“他（迷你罗）看了你的所有视频，平时他总会提到你。”

当 2014/2015 赛季结束，梅西与巴萨不仅收获了欧冠联赛、西甲联赛以及国王杯的三冠王，而且，他们在整个 2015 年的征途中，创造了太多的辉煌：他们在各项赛事中一共将 10 个冠军对手斩于马下。

在 2014/2015 赛季的欧冠淘汰赛中，巴萨接连遭遇英、法、德、意四大联赛的卫冕冠军，结果“红蓝军团”全都将对手斩落马下。对阵曼城，巴萨两回合以 2 比 1

和 1 比 0 的比分双杀对手；对阵巴黎圣日耳曼，巴萨 3 比 1、2 比 0 再次完成双杀；对阵德甲班霸拜仁慕尼黑，巴萨首回合 3 比 0 大胜的情况下虽然在次回合 2 比 3 小负。但仍以较大的优势晋级决赛；在最终的决赛中，巴萨 3 比 1 轻取尤文夺冠。

连斩四大联赛卫冕冠军而赢得欧冠，巴萨的这次欧冠折桂的含金量，堪称史上最高。

在世俱杯赛事中，巴萨的对手也都是各自大洲的冠军球队。半决赛中，巴萨 3 比 0 轻取亚洲冠军广州恒大；决赛中，巴萨又以 3 比 0 的比分挑落南美解放者杯冠军河床队。

而在另外两项杯赛中，巴萨同样斩落了冠军级别的对手。在欧洲超级杯中，巴萨 5 比 4 加时险胜塞维利亚，塞维利亚是欧联杯卫冕冠军，而且，当时的塞维利亚在欧战中的战斗力十分强大。在国王杯决赛中，巴萨 3 比 1 轻取毕尔巴鄂竞技，毕尔巴鄂竞技曾在本赛季初的西班牙超级杯中战胜巴萨。不过在联赛首轮中，巴萨就在客场 1 比 0 小胜对手完成了复仇。事实上，巴萨本年度也对马德里双雄均完成了双杀。在 2014/2015 赛季的联赛中，巴萨主场 2 比 1 小胜皇马，客场 1 比 0 小胜马竞提前夺冠。在 2015/2016 赛季上半程，巴萨客场 2 比 1 逆转马竞，国家德比中又四球攻克伯纳乌。

而梅西在此期间贡献了何种数据?

2015 年上半年，梅西联赛中打进 43 球帮助巴萨夺得西甲冠军；在欧冠赛场，他打进 10 球，助攻 6 次，帮助球队将欧冠奖杯带回了诺坎普；在国王杯赛场，梅西在对阵毕尔巴鄂竞技的比赛中，从右路一路突破进入禁区，将球送进球门的经典进球，也将冠军奖杯收入囊中；在国家队中，梅西贡献3次助攻，将阿根廷队带进了美洲杯决赛。在下半年中，梅西虽然一度受到伤病困扰，但是他依然贡献了各项赛事21场18球的出色数据，帮助巴萨在各项赛事中挺进的同时，在联赛中少赛一场的情况下仅仅落后榜首的马德里竞技2分。

而在当年的金球奖评选过程中，头名选手仍然是梅西。根据国际足联官方公布的得票情况，梅西以41.33%的得票率排名第一，C罗27.76%排名第二，内马尔7.86%排名第三。梅西再度以较大的优势力压C罗当选，他阻挡了对手金球三连的愿望。

在颁奖台上，梅西的言谈多了一份他与C罗的“交锋”，也一如既往地保留了他的谦虚，“在此前目睹克里斯蒂亚诺连续拿到金球奖后，我再次回到这个舞台，拿到又一座金球奖奖杯对我而言非常特别。因为这是不可思议的第五座，这比我孩提时代所梦想的要多太多。我要感谢为我投票的人，要感谢我的队友。最后，我要感谢足球带给我的一切。不管是好还是坏。因为它让我学习，让我成长。”

这座金球奖对于梅西以及阿根廷足球的意义十分巨大。

因为梅西用疯狂的表现，阻拦了C罗像他那样完成连夺三座金球奖的壮举，梅西用他不服输的性格，最终兑现了他好斗的隐藏性格。

从国家层面来看，梅西用一己之力在金球奖这个舞台上，对抗着死敌巴西。在他之前，罗纳尔多、罗纳尔迪尼奥、罗马里奥、巴西“3R”分工了之前的金球奖，而阿根廷在这个奖项上一直落后。这个局面在梅西诞生后改变了。

2009年，22岁的梅西第1次获得金球奖，2010年金球奖和FIFA世界足球先生合并，梅西包揽2010年、2011年和2012年的金球奖荣誉；2015年，梅西在巴萨夺得欧冠、国王杯、西甲、欧洲超级杯、世俱杯5项冠军奖杯，年度52球，再度回到世界第一人的位置。

梅西以一个人的成功，撑起了阿根廷与巴西在金球奖层面的竞争。而当时的梅西只有28岁，从2007年接过罗纳尔迪尼奥衣钵首次入围金球奖三甲以来，梅西已经连续9年进入前三，而2015年更是他9年来第5次夺取金球奖，获奖超过半数，28岁的阿根廷巨星缔造的辉煌前无古人，恐怕以后也很难有人达到他的高度。

04

最后的奋起

在赛季开始后的欧洲超级杯赛事中，巴萨迎来了塞维利亚。已经归队的梅西，逐渐抚平了内心的伤口，虽然那种刻骨铭心的感觉依然会不时地出现，但是，却会让梅西变得更加强大。两回合比赛，梅西贡献了 1 粒进球与 2 次助攻，帮助巴萨在这个救赎的赛季迎来了美好的开端。

接下来的西甲首轮，梅西大放异彩，他“梅开二度”并送出助攻，更是策应了好几个进球，带领巴萨以 6 比 2 狂胜皇家贝蒂斯。看起来梅西逐渐摆脱了在国家队失利的阴影，一切都在朝着更好的方向发展。

而在欧冠首轮，梅西大演“帽子戏法”，带领巴萨以 7 比 0 狂屠凯尔特人，而梅西更是凭借此战成为在欧冠赛场上完成“帽子戏法”最多的球员。那时候，人们开始期待，

梅西将带领巴萨完成又一次六冠王的神迹。

很遗憾，这支巴萨在 11 月份遭遇到了重击：他们在欧冠、西甲联赛以及国王杯赛事的 5 场比赛中，遭遇到了 4 场平局。在诺坎普对阵马拉加的比赛中，梅西的缺战让巴萨丢失了最锐利的爪牙。皮克被对手在禁区内放倒被无视、马斯切拉诺遗憾皮球击中门柱，均没有打破对手的大巴防线。心态已经有些失衡的路易斯·恩里克，在赛后开启了嘲讽模式："马拉加队有人进攻吗？"

其实，巴萨刚刚在客场以 2 比 1 战胜了塞维利亚，梅西用"梅开二度"的完美发挥，将塞维利亚退守到禁区线的防线完全肢解。很简单，主场被最后时刻只有 9 个人的马拉加逼平，巴萨只是欠缺一些运气，以及没有梅西。

此后，巴萨在阿诺埃塔球场被皇家社会队逼平，在少赛一场的情况下，巴萨在积分榜上被塞维利亚反超，落后皇马的分数也达到了 5 分。就此开始，巴萨开启了艰难的追击。冬歇期前最后一场比赛，梅西的"梅开二度"让巴萨客场以 3 比 0 取胜对手，不过，他们在当时已经落后榜首的皇马 6 分。

联赛进入艰难的卫冕模式，巴萨又在欧冠赛场上遭遇到了顽强的阻击。2017 年 2 月 15 日，刚刚过完情人节的巴萨球迷，迎来了一个残酷的夜晚，他们挚爱的球队在客场以 0 比 4 被巴黎圣日耳曼碾压。当时，没有人能相信梅西与他的巴萨能够翻盘成功。

要想晋级下一回合，巴萨回到主场后不仅要抹平 4 球的差距，还要尽力限制巴黎不进球，一旦巴黎取得客场进球，那巴萨想要逆转着实难于上青天。

几乎没有人相信巴萨能够逆转，除了他们自己，除了梅西。

2017 年 3 月 9 日，诺坎普球场，一场载入史册的逆转上演了。那场比赛，梅西被巴萨主帅恩里克放在了前腰的位置上，在阵地战中进行兑子，利用无球牵扯和高速转移为内马尔和苏亚雷斯制造移动的空间；同时在反击战中担任司令塔，承担反击战中推进和分球的职责。这样的角色看起来简单，但在巴萨阵中，却只有梅西一人能够承担。尤其是随着伊涅斯塔的不断老去，巴萨在中场的掌控力日益下降，首回合惨败巴黎便是由于中场彻底失势。因此，在本场比赛中，将梅西放置于前腰位置上堪称主教练恩里克的神来之笔。

而梅西自己也没有辜负主教练和球迷的期望。虽然因为位置和角色的变化牺牲了他直接面对球门的威胁，但他的拿球推进和分球转移直接让巴萨重新找回了中场的掌控力，并且他还亲自打进了一个点球，将总比分扳成了 3 比 4，看起来奇迹咫尺之遥。

Fly Emirates

然而卡瓦尼很快为巴黎打进了一个宝贵的客场进球，想要逆转，巴萨还需要再进 3 球。在悬崖边上，梅西踢得更加有冲击力。正是他的美妙传球帮助苏亚雷斯成功制造了点球，内马尔一蹴而就将比分变成了 5 比 1。而到了伤停补时的最后一分钟，也正是梅西在中场附近的连续过人，制造了那个罗贝托最终打入绝杀球的任意球。单场比分 6 比 1，两回合总比分 6 比 5，晋级 8 强的是巴萨！他们完成了一场史诗般的大逆转，谁说诺坎普不相信奇迹！

赛后，梅西说："当拥有努力、姿态和对胜利的渴望时，没有什么是不可能的。令人印象深刻的球队和球迷们。"而对于巴萨的球迷而言，虽然内马尔在奇迹之夜大放异彩，虽然罗贝托打进了最后的绝杀球，但他们都明白，正是梅西的努力和牺牲，创造了这场奇迹。

当梅西和未婚妻安东内拉准备驱车离开诺坎普时，巴萨"死忠们"将梅西座驾围得

水泄不通，他们有的大喊“梅西！梅西！”，有的尽量靠近梅西的座驾，试图近距离拍下偶像，一些情绪激动的巴萨“死忠”甚至紧贴梅西座驾的前挡风玻璃，场面一度失控。巴萨出动了大量安保人员为梅西开路，安保人员的数量甚至超过了激动的球迷。

然而奇迹之夜的喜悦还未褪去，梅西再次遇到了麻烦。2017 年 3 月 28 日，国际足联因为梅西在之前世预赛中与智利比赛时言语冲撞裁判一事作出判决，梅西被禁赛 4 场。阿根廷队本来就跌跌撞撞的世预赛排名因此而雪上加霜。随后，在欧冠 1/4 决赛首回合中，巴萨在尤文图斯的主场再次遭遇一场 0 比 3 的完败。虽然这次人们依然期待着奇迹的降临，但奇迹终归没有第二次临幸在巴萨身上，他们次回合以 0 比 0 的比分被淘汰出局。巴萨再一次被挡在欧冠 4 强门外。

梅西不是一个轻言放弃的人，2016/2017 赛季第二回合的国家德比，梅西注定要成为焦点。巴萨在伯纳乌球场最终以 3 比 2 取胜对手，表现出色的梅西，在最后时刻上演了绝杀。这个疯狂且精彩的进球，一度让巴萨保留了联赛竞争的希望：当时多赛一场的他们，已经在积分榜上追平皇家马德里，而且占据交锋层面的优势。打进绝杀的梅西进球时做出了“晒球衣”的庆祝动作，这仿佛是在告诉伯纳乌的球迷，谁才是国家德比真正的明星。只是，齐达内的皇马后面并没有犯错，梅西与巴萨联赛三连冠的梦想破碎了。

赛季结束后，恩里克离职，巴萨又将开启一段崭新的时代，而对于梅西来说，除了要继续带领巴萨攀登巅峰外，当务之急还要将阿根廷队带进俄罗斯世界杯。毕竟，在阿根廷，他们只有一个梅西可以依赖。

第十一章
球王的羁绊

里奥·梅西珍藏传记

01

两代球王

Lionel Messi

2008 年拿下奥运冠军的梅西，他的下一个目标自然是大力神杯。只是阿根廷足协走马灯似的人员交替，大大打了梅西状态的折扣。例如 2007 年美洲杯决赛的失利，让阿根廷主帅巴西莱遭遇到了泾渭分明的媒体待遇。一部分人认定巴西莱已经让阿根廷队拥有了出色的攻势足球，球队会逐渐兑现胜利与冠军；另一部分人则认定，在功利足球大行其道的时候，这种冒险激进的进攻足球会让阿根廷队在日后遭遇到绝境。

由于观点的碰撞，仅仅在一年后就让整个阿根廷国家队发生了动荡：巴西莱辞职。

而阿根廷足协的最终决定，是一场豪赌！

病重垂危后恢复 1 年且退役后执教生涯无比惨淡的马拉多纳，成了球队的新帅。对于这样的举动，几乎每个阿根廷人都知道，他们对于这次世界杯寄托了多少期待。而马拉多纳与梅西这两代阿根廷足球图腾的一起出击，对于阿根廷足球来说意味着什么呢？这几乎是在拿所有的资本去做没有退路的搏斗。

盲目的信仰可能永远都不会是职业足球最好的策略，但是阿根廷足协已经没有了退路与足够清晰的思维，他们将所有赌注和梅西，全都交给了马拉多纳。他们认为这位球王可以对这支充满天赋但总是难以完全发挥潜力的球队产生正向的激励作用。

充满波折的预选赛之旅中，马拉多纳执教的第一场世界杯预选赛，阿根廷队就以 4 比 0 战胜了委内瑞拉队，这是一个令人鼓舞的开始。但是，在下一场对阵玻利维亚队的比赛中，阿根廷队以 1 比 6 的大比分输给了对手。客场出战位于高原中的玻利维亚队，阿根廷队在比赛适应上遭遇问题是客观因素，但是，球队疯狂进攻下的防守不力才是遭遇惨败的重要原因。尤其是，高原的气候让阿根廷球员在下半场比赛开始就已经进入了体能的亏欠期。

阿根廷媒体在这一刻抛出了一个荒谬的观点：他用自己的手给马拉多纳送上了一记小小的耳光。

马拉多纳展现出了他执教上的短板，他在此后一共征召了多达 70 名球员，阵容不断变化的阿根廷队多亏拿下了最后两场对阵秘鲁队和乌拉圭队的比赛，阿根廷队最终确保了自己南非世界杯的参赛席位。不过，这两场比赛阿根廷队的制胜球全都是来自于 80

分钟以后。而老将帕勒莫的绝杀，让马拉多纳的雨天滑跪，成为经典。

只是，此时的梅西，依然在不断变化的队友中，希望找到那个与自己合拍的人。那个舞动在绿茵上的梅西，只是一个前场孤零零的游弋者，等待球队混乱组织给自己送上传递。

梅西没有怨言，而马拉多纳在世界杯前终于确立了核心战术：梅西作为球队的组织者，去串联进攻。小组赛阶段，梅西没有进球，但是他的作用无比明显。

2010 年世界杯小组赛首轮，阿根廷队以 1 比 0 取胜尼日利亚队。上半场比赛第 5 分钟，梅西前场突破后射门制造角球，海因策借此角球头球破门，阿根廷队取得了开门红；小组赛次轮，阿根廷队以 4 比 1 大胜韩国队确保晋级资格。梅西上半场比赛第 17 分钟利用任意球机会制造对手乌龙，然后梅西策划了伊瓜因的“帽子戏法”；小组赛末轮，阿根廷队以 2 比 0 取胜希腊队，梅西先是定位球帮助球队得分，又在第 88 分钟利用射门造成对手门将脱手，帕勒莫门前补射得分。

3 场小组赛没有取得进球，但是，梅西参与了阿根廷队全部的 7 个进球。场均跑动超过了 1 万米。在 16 强对阵墨西哥队的比赛中，阿根廷队以 3 比 1 取胜对手，依然是梅西在比赛中助攻特维斯首开纪录。

对于前 4 场比赛，时任曼联主帅弗格森爵士一针见血地指出：“这支阿根廷队的中场孱弱，缺乏防守保护的情况下盲目进攻，而球队在处于轮换的情况下，他们只有全世界最好的球员——梅西。他做得的确很好，事实上他是做得最好的，如同往常的他一样。”

“他接球组织，从人群中出球，尽管面对如此多的防守，他仍旧赢了每一次对抗，而且还传了很多非常漂亮的传球，在这样一个组织里面你不能期望他做再多了。但是，马拉多纳把所有的球员往场上这么一扔只依靠梅西根本不可能解决问题。也许梅西会因为状态不佳或是因为某人的错误失去唯一的机会去赢得这个冠军。其实，这就是生活。”

虽然足协处于长时间的管理混乱状态，而国内媒体也因为不佳的整体环境呈现出别国少有的浮躁与敏感，但仍有媒体对于梅西表达了“同情”，“球队已经晋级 8 强，但是最好的球员却承担了太多东西，我们可以清晰地看到马拉多纳不成熟的体系，在他的球队中，球员拿球之后的第一选择就是交给梅西，然后让他去冲击肌肉丛林。梅西，最具威胁的地方应该靠近对手的球门，但是，他既要组织又要进球，他只能不断冲击对手防线进行远射。这是可悲的，我仿佛看到了贝多芬在用他的灵巧双手种马黛茶。”

谁也没想到，在对阵德国队的比赛中，阿根廷队没有为 2006 年世界杯完成复仇，反而遭遇了 0 比 4 的惨败。弗格森的赛前点评与语言成为现实。

比赛结束后，梅西呆滞地看着远方，眼中已有泪水。没有人知道，他为了这一次世界杯，究竟做出了怎样的准备。没有人知道，他对于这次世界杯，究竟寄托了多少期待。不可否认，阿根廷队的兵败，与阿根廷队防线过于孱弱、马拉多纳选人无道、战术选择

失当有极大关系。而梅西没有兑现核心的表现，也让他得到了舆论的巨大苛责。其实，他们忽视了太多的细节。

细心的人不难看到，在对阵德国队的比赛开始前，奏国歌时，梅西不断地去摸自己的脖子，面部表情很是怪异。根据阿根廷队医多纳托·维拉尼的说法：“梅西感冒了，嗓子有些发炎，红肿。”这个小小的细节显示出，梅西确实没有痊愈，他很不舒服。

这种身体上的不适，也反应到了比赛里。梅西比赛中踢得并不具备多少决定性，甚至于他都不怎么活跃。一个突出的例子就是跑动，他的跑动距离只有 8571 米。这与他小组赛阶段场均超过 1 万米的跑动差距巨大，而且，身体状态不佳的梅西遭遇到了对手的严防。全场比赛梅西射门 8 次，全部在对手的针对性限制下，而且，有 4 次射门时他身前至少有 2 名德国球员过来封堵。

西格诺里尼后来说：“在更衣室看到梅西绝望的样子，真的让人伤心。很多人都认为，梅西的生命中已经拥有的足够多，但是这次不该是这样的结局，你们根本无法想象他付出了多少。有着百万身价却在更衣室里泪流成海，他在失望中充满了不甘。”

02

四大金刚

Lionel Messi

败走南非之后，走下神坛的马拉多纳告别了阿根廷国家队。而梅西在一个平淡如水的 2013/2014 赛季之后，也重新将活力注入国家队中。在国家队层面，梅西率队一扫 2010 年的阴霾，阿根廷队以南美区第一的身份，新主帅萨维利亚带领阿根廷国家队昂首挺进了 2014 年世界杯决赛圈。梅西也以 10 粒进球，成为南美区预选赛的银靴。

“我不在乎金球奖，我想要世界杯。”这句话毫不掩饰地表达了梅西对于大力神杯的渴求。

梅西每一次深情地呐喊，都让喜爱或是不喜爱他的人充满了怜爱。2011 年折戟美洲杯后，梅西安慰完队友走在通往更衣室的孤独的道路上，他匆匆一瞥，看到了一个让他动容的横幅，“梅西 + 国家队 + 死忠球迷 =2014 年世界杯冠军”。在达到了个人与俱乐部的荣誉巅峰后，梅西的奖杯室里只差一座大力神杯。

在 2014 年开年的十字路口，梅西的处境比较复杂，俱乐部早已不再是“梦三”时代的足坛霸主，而他的国家队却似乎走入正轨。而在这世界杯年最重要的事情，当然是高捧大力神。他需要维持自身状态、平衡各方利益，在大赛开始之前，将自己调整到一个冲击至高荣誉的兴奋点，最终完成球王登基的加冕礼。

然而人算不如天算，从 2014 年的春天开始，梅西就陷入了舆论的旋涡，围绕他的两个关键词就是呕吐和留力。在上半年的比赛中，梅西至少 3 次被媒体拍到，在赛场上出现了呕吐的情况，特别是同罗马尼亚队的热身赛。他在开场后几分钟，就在无对抗的情况下干呕不止，这一幕被摄像机完整地记录下来，让人非常担心。

距离世界杯开始也只有两个多月的时间，肩负着伟大历史使命的他，却频频出现这样的情况，自然让无数人捏了一把汗。但是经过一段时间的检查，始终没有关于梅西呕吐的原因曝出，对此巴萨主帅萨维利亚只是表态他身体异常，并未透露原因。阿根廷主帅萨维利亚则认为，他是过于紧张所致，就像学生面对考试那样，不必大惊小怪。

在身体状况堪忧的这段时间内，梅西的场上表现也出现了问题，尤其是在跑动的积极性上。例如在 2013/2014 赛季同马竞的欧冠次回合比赛中，梅西全场跑动只有 6853 米，仅仅比球队的门将平托多跑了 1500 米，甚至只有哈维的 60% 左右，而此时的巴萨指挥官却已经 34 岁的高龄。那场比赛，巴萨也因输球被淘汰出局。自 2007/2008 赛季以来，西甲豪门首次无缘欧冠半决赛，而且他们又在联赛最后一轮被马竞扳平，丢掉了西甲冠军。整个赛季四大皆空，梅西自然成了众人口诛笔伐的对象。

《每日体育报》和《世界体育报》两家巴萨系的媒体毫不留情，他们认为梅西在关键比赛中，进攻和防守端的表现都是空白。面对马竞这样还不算太强大的对手，梅西表现得无所适从，甚至不敢突破过人。马蒂诺治下的球队进攻乏力时，需要他这样的超级球星站出来终结比赛，可是梅西的表现却让人非常失望。

而部分极端球迷更是认为梅西在俱乐部出工不出力，一心只为了世界杯。在他们的观念中，在已有所有荣誉的背景下，梅西似乎已经不把巴萨的成绩看得很重。世界杯对于他来说就是最后的珠穆朗玛峰，一旦登顶，睥睨天下。

不知不觉中来到了 2014 年的春夏之交，梅西背负着身体和心灵上的双重负担，开

始了世界杯的备战工作。这是他的第三次灵魂之旅，2006 年，当 19 岁的天才小将出现在世界杯赛场上时，人们还只是对他的未来抱以期待，在对阵德国队的比赛中，朱利奥－克鲁斯用掉了最后一个换人名额，只留下他在替补席上的背影，哀婉而不甘。

2010 年，他和从小并肩战斗的伙伴们，都处在职业生涯运动能力的巅峰，但是在马拉多纳的率领下，又一次遭遇了滑铁卢。梅西个人更是因为预选赛最后时刻疲软，7 场没有进球，5 场正赛又毫无斩获，被打上了“国家队无作为”的标签。对于年轻气盛的梅西来说，这是无法接受的，自己失去的东西，必须亲手拿回来，而 2014 年世界杯，可能是他最好的机会。

相比于 2006 年的佩克尔曼和 2010 年的马拉多纳，此时阿根廷队的主帅萨维利亚，相对来说是一个更加务实，踢法更加保守的主帅。他在球员时期，曾经在阿根廷名帅比拉尔多（1986 年世界杯冠军主帅）手下踢球，对于他稳固防守、相对功利的思路谙熟于心，自己对于球队的打磨，也日臻成熟。

此时球队的前场配置非常豪华，梅西、伊瓜因、阿奎罗和拉维奇组成的“四大金刚”，

无一不是插向敌人心脏的利刃。考虑到伊瓜因、阿奎罗和拉维奇等攻击手的存在，稍显富裕的梅西甚至可以适当向后推移，以完成前场组织串联的工作，自己也可以在不间断的小配合之后寻找杀机。

球队的中场由于没有了里克尔梅这样的组织型天才，阿根廷队的创造力相比过去大幅度削弱。但好在，坐镇后场的马斯切拉诺尚在巅峰，在拦截和局部出球等方面“潘帕斯雄鹰”至少还有人可以信赖。另一个利好是，在皇马引入贝尔之后，被迫改打左中场的迪玛利亚，在新位置上出人意料地发挥惊艳。他的往返穿梭和传球能力，能够大大增强阿根廷队中场跑动接应和协防逼抢的活力。在中前场的联系上，“天使”往往能够起到关键作用。

考虑到萨维利亚主打防守反击，在面对真正强敌的时候，球队更加需要依仗前场几名天才球员的个人能力。而看起来相对薄弱的中场只要做好防守工作，并且在向前输送的过程中有一个短频快的衔接，力抓守转攻的快攻推进质量，在控制力和梳理能力方面，并没有特别高的要求，这样才能使得阿根廷队的阵容配置扬长避短。

总地来说，这支阿根廷队阵容星光熠熠。门将是马赛门神罗梅罗，这是个大场面型的门将，虽然联赛面对弱旅时而有低级失误，但遇到强劲的对手往往可以迸发出惊人的状态和专注力。

后防线上，左后卫是天才“90后”罗霍，这是一位身体强壮，技术细腻，速度很快的左后卫，长于助攻前插。中卫是那不勒斯主力费尔南德斯和泽尼特王牌中卫加雷。而中场则由马斯切拉诺坐中军，执掌后腰位置的衔接调度和协防保护。拉齐奥中场比格利亚和本菲卡中场恩佐佩雷斯作为中场打手辅佐马斯切拉诺保护中后场。

锋线则是梅西，拉维奇作为两翼影子前锋，伊瓜因作为中锋突前。虽然纸面上略显头重脚轻，但是在萨维利亚明确思路的指引下，只要能打出自己的战术，“潘帕斯雄鹰”还是非常有竞争力的一支球队。

梅西作为队长，身上肩负的期望可想而知。不光是阿根廷人，全世界喜欢梅西的球迷，都希望他能够在巴西，实现自己职业生涯的最高理想。

但在经历了春天的一系列风波后，梅西的身体状况和内心世界，外界无法得知。一切要想拨云见日，只能等到比赛开始时，才能揭开它神秘的面纱。

披荆斩棘

Lionel Messi

在阿根廷队可以被算为半个东道主的巴西，2014世界杯小组赛全面打响。前3场比赛，阿根廷队的表现褒贬不一，但是梅西的状态一直令人欣喜不已。在这几场比赛中，梅西的脚感非常火热，在同塞黑队的比赛中，他与伊瓜因打出精妙的二过一配合，从经典的“梅西走廊”斜向切入，最终以一脚漂亮的弧线球破门锁定胜局。

在第2场面对伊朗队铁桶阵时，又是梅西挺身而出，在伤停补时阶段，在他最熟悉的右侧肋部拿球，左脚一拨一射刺穿天际，帮助久攻不下的“潘帕斯雄鹰”拿到了锁定出线名额的3分。这粒宛如彩虹的世界波，也最终入选了巴西世界杯的十佳进球。

而在第3场与尼日利亚队争夺小组头名的比赛中，梅西更是“梅开二度”，无论是开场的补射建功，还是后来绝妙的任意球直接破门，都展现出了他良好的竞技状态，起码从意识层面来说，梅西正在一步步调整到自己的巅峰。

3 场小组赛，4 粒进球，“梅球王”帮助球队在整体进攻效率一般的情况下豪取三连胜昂首出线。梅西自己不仅一扫上届世界杯的颓势，打出了自己参加世界杯以来的最佳表现，也让阿根廷队瞬间成为夺冠大热之一。而在场上位置及作用层面，阿根廷队除了第一场打了半场的“352”，其他时间都是以“433”为主，梅西多数时候顶在双前锋伊瓜因和阿奎罗（拉维奇）身后，充当前场组织者，并且能够果断前插，把握住破门良机。

由于小组赛对手都不是传统强队，阿根廷队大部分时间还是掌控着球权，但是在缺少中场组织者的情况下，梅西更多地承担了这一角色。他的活动范围极大，包括但不限于中路腹地和两肋，甚至经常回撤到中圈位置拿球，帮助球队完成推进工作。

可以说，萨维利亚完全打造出了以梅西为核心的进攻体系，球队在前两场局部配合不顺畅时，多数是梅西回撤后从中路带球突破，通过个人能力一马平川，或者是与队友进行撞墙配合后，穿越防线给肋部送出致命传球，无奈阿奎罗和伊瓜因的状态都不是很好，不然他的助攻数字也会非常可观。

在球迷们最关心的身体机能层面，梅西也逐步摆脱了春夏之交的困扰，首先并没有出现明显的身体异样，其次从他在场上的覆盖面来看，求战欲望和身体状态是不错的。在打满全场的前两场小组赛中，梅西的跑动距离分别为 8618 米和 7772 米，虽然相对于全队 9000 米的平均水平还有差距，但是我们能看到他的复苏。

而相比于部分前场队友，梅西的高对抗跑动比例要大一些，他多数时候活动在中路要害地带，一旦拿球就会陷入对手 3 到 5 人的密集包围圈。在这种强压迫下，梅西做动作时的体力消耗，比起单纯的跑动要大很多，所以他的数据虽看起来比平均水平要低一些，但是场上的核心作用无可挑剔。

只是，战绩的漂亮不能掩盖球队人才凋敝的困境。阿根廷队在这三场球当中，还是暴露出了许多不足。中场创造力的老大难问题，球队已经不具备在大局层面的运筹帷幄和一击制胜的传球穿透力，需要更多地依靠前场核心球员的单兵作战能力。在小组赛当中，串联组织的重任和爆破得分的重任，几乎完全落到了梅西一个人的头上，这届世界杯，梅西可以说既是阿根廷队的中场主核也是阿根廷队的前场主核。马斯切拉诺的重点任务是回追和拦截，以及做一些衔接段的短传，比格利亚和恩佐佩雷斯也只是在过渡阶段，能够充当一枚承上启下的棋子和中场衔接前场后场的接应点，以及协防逼抢的参与点，并无高水平控球摆脱传球组织串联拨云见日的能力。

在这样的球队与战术里，梅西只能一次次深度后撤，去接应队友的来球，然后利用

个人能力冲击，以及和队友简单地配合不断推进，来完成最后的关键传球。这样应付一两场比赛是可以的，但是随着杯赛的深入，如果想拿冠军，就需要 1 个月踢 7 场比赛，如此高强度的消耗，让身体还在调整期的梅西，很难承受。

另外一个问题，就是锋线的效率不高，伊瓜因和阿奎罗等人，数次在禁区内浪费较好的射门机会，最后还是要靠梅西的终结来拿下比赛。他本身已经承担了太多别的任务，如果锋线队友没有稳定的输出，之后比赛的即战力难以保证。

总而言之，这支阿根廷队的“梅西依赖症”越来越严重。但真正的阿根廷球迷却并不担心，并给予了梅西更高的期待。因为他们知道，上一个球王——马拉多纳正是凭借一个人的单打独斗，帮助阿根廷队连续两次闯进世界杯决赛舞台，并最终高捧 1986 年的大力神杯。球迷们认为，梅西如果想达到真正“球王”的高度，就必须拿下大力神杯。

这样的要求确实有些严苛，因为如今的足球早就不是只属于 1 个人的游戏。

不过总地来说，球队小组赛表现还算不错，竞技体育结果永远是最重要的。梅西 3 场比赛都获得了赛后最高评分，阿根廷国内知名媒体《奥莱报》，就对比赛结果非常满意，甚至认为球队可以着眼于冲击最后的锦标。而另一家知名媒体 BBC 则谨慎一些，他们认为在旗开得胜之后，后防的隐忧需要加以关注。

2014 年巴西世界杯，16 强淘汰战，阿根廷队将对阵欧洲劲旅瑞士队，于梅西而言，冲击皇冠上的明珠，完成职业生涯的最后夙愿，此时征程才刚刚开始。

接下来的每一场球，都是成王败寇的决战。胜利或者回家，对于梅西来说，除了捧得大力神杯，其他的结果没有任何区别。但是到了淘汰赛，各个对手的实力上了一个层次，战斗力和意志品质，都上了一个台阶，他们的首个对手瑞士队就是如此。

赛前瑞士老帅希斯菲尔德就表示，如果只用一个人盯防梅西，那是在开玩笑。而从

比赛一开始，阿根廷队立刻明白老帅确实不会撒谎。梅西每每还在中场拿球时，周围就会立刻出现 3 到 4 名威猛的防守球员。虽然梅西有强大的个人能力，但无论他如何闪转腾挪，大多数时候，只能护住皮球不丢，进而过度给队友，继续寻找空当。

整场比赛，梅西都很难从容地获得空间，而相对被放空的迪玛利亚，承担起了球队推进的重任。但是瑞士人太顽强了，他们的防线密不透风，阿根廷的天才们使出了百般努力，比赛还是被拖入了加时。

巨星的作用就在于，整场比赛对手都把他限制得很好，但是只要给出一丝机会，灵性的闪光点，巨星就会一击致命。1986 年世界杯决赛，正是联邦德国队在最后时刻漏盯了马拉多纳，让球王送出致命助攻，帮助布鲁查加终结比赛。24 年之后，类似的一幕又发生了。加时赛的 117 分钟，原本三线紧凑的瑞士队，在中场被帕拉西奥抢断，他顺势将球分给了深处中路要害地带的梅西。

此时瑞士队的防线，因为快速地攻防转换有些脱节，居然没有人正面拦堵这个星球上最犀利的球员！于是全世界的观众们看到了梅西从容持球、大步向前，进而将球分给右路无人看管的迪玛利亚。后者一击致命，在比赛还剩最后3分钟时奠定了胜局！

陷入绝境的瑞士队试图在最后180秒发动绝命反扑，但是阿根廷队稳住阵脚，最终，他们胜利了，120分钟，球队人均跑动超过了11000米，梅西也在高强度的对抗中，基本达到了这个水平。在炙热的骄阳下，梅西和他的队友高昂着头，以胜利者的姿态，走出圣保罗这座历史悠久的球场。

下一站，巴西利亚加林查国家体育场，阿根廷队迎来了“欧洲红魔”比利时队的挑战。曾经沧海，他们是马拉多纳的宿敌。当年比利时队曾将年轻的球王斩落马下，却又在4年后的重逢中，见证了传奇老马的君临天下。而今，新的球王出世，新的“红魔”诞生，两者狭路相逢，梅西继承前辈的衣钵，能否更进一步？

此时的比利时队，由“蓝军天王”阿扎尔领衔，中场核心是组织型中前卫维特塞尔，防守型后腰是费莱尼，串联核心是彼时还没有扬名天下的德布劳内，后防线上孔帕尼搭档范比滕，两个边后卫是中卫阿尔德韦雷尔德和维尔通亨客串，加上天才少年库尔图瓦的助阵，锋线是妖人奥里吉突前，阿扎尔和埃弗顿妖刀米拉拉斯作为影锋埋伏两翼，“潘帕斯雄鹰”将迎来开赛以来的最强对手。

但是梅西并不希望给对手喘息之机。虽然上一场已经拼得精疲力竭，不过这一次，他迅速恢复了状态。由于比利时队的中场费莱尼、维特塞尔，以及防线上的孔帕尼、范比滕等人，都是身材高大却不够灵活的典型。梅西作为中前场自由人，尽管时常面对多人压迫，但是极速的步频和良好的柔韧性，让他总是显得快人一步，能够自如地闪转腾挪，将球送到更有威胁的区域。

开场还不到10分钟，梅西就在中场干扰孔帕尼获得球权，随后他面对费莱尼和德布劳内的包夹从容不迫，闪开空当之后将球分给了蓄势待发的迪玛利亚，虽然“天使”的处理球被干扰，但是正好落到了伊瓜因脚下，他顺势一脚抽射，皮球直奔下角而去，库尔图瓦毫无反应，阿根廷队迅速取得了领先。

这是梅西连续两场在致命进攻中扮演核心角色，他只需要一次机会，就足以改变全局。在萨维利亚的体系中，球队早早取得领先，后面的回收防守，就显得游刃有余，对手都很忌惮他们的攻击线，在压上进攻的时候往往有所顾虑。

事情的发展非常顺利，阿根廷人抵挡住了对手的围攻，最终将1比0的胜果保持到

了中场。时隔 24 年之后，重回世界杯 4 强的怀抱，但也是在此时，球队的两大隐患，让球迷们对未来的准决战忧心忡忡。

首先就是迪玛利亚在比赛中，右腿肌肉撕裂，提前告别世界杯。这对球队的影响巨大，在前面的比赛中，他的冲击和往返，给梅西分担很多压力，是球队承上启下的核心人物之一，而且他还有不俗的终结能力，绝杀瑞士队的进球就是最好的体现。在他手上之后，球队推进的重任，几乎落到了梅西一个人的身上，此时球队已经在 20 天打了 5 场比赛，本就已经接近极限的梅西，面临重大的考验。

下一场阿根廷队就将直面荷兰队，同梅西一样，罗本也在前面的比赛中发挥出色，几乎凭借一已之力，将荷兰队带进了 4 强。这是两位天王之间的对决，阿根廷队对于大力神杯饥渴难耐，上届世界杯亚军橙色“郁金香”则希望完成 4 年前未竟的事业。

04

一步之遥

Lionel Messi

对阵荷兰队的半决赛，成为2014年世界杯最无聊却最凶险的一场比赛。

双方都没有太多得分机会，防守端的针尖对麦芒却几乎成了赤裸肉搏战，这场比赛可能算2014世界杯开赛以来防守质量最高的一场双方的整体防守比拼，双方都拼掉了最后一颗子弹。阿根廷队更是空前团结，特别是马斯切拉诺在补时阶段，不顾肛门撕裂的风险，补位破坏了罗本可能绝杀比赛的机会。

比赛最终如大家期望般地进入了点球轮盘赌，梅西目光坚毅，帮助“潘帕斯雄鹰”第一个主罚命中。而在罗梅罗接连扑出弗拉尔和斯内德的点球之后，他的兴奋溢于言表。最终，阿根廷队的马克西·罗德里格斯一锤定音，帮助球队拿到了决赛赛场的门票。那个蓝白色的10号“上帝”，在那一刻露出了最美的背影。他狂奔着、呼啸着，梦想近在眼前，这也许是他儿时最真切的渴望。如今，只差90分钟！

4天后的马拉卡纳球场，这是足坛的明珠，如今新一代的球王，渴望在此加冕。他的身前，仅剩下一辆“日耳曼战车”。也许没有很多人看好阿根廷队最终问鼎，甚至没有多少人看好这支阿根廷能走进4强，走进决赛，但是你看在布宜诺斯艾利斯，在整个南美大陆，在全世界热爱梅西，热爱阿根廷的地方，有多少人，在背后默默支持着他们。

灯火辉煌，一眼万年。厉兵秣马，圣殿加冕！

这一天还是来了。全世界的目光，在2014年7月13日，那个明媚昂扬又激动人心的下午，聚焦到了马拉卡纳体育场。里约热内卢的耶稣圣象之下，梅西缄默不语，肩负着千斤重担，有些事情，一辈子只有一次机会，对于生来就注定不平凡的他来说，当下，意味着一切，神，会保佑神之子吗？

意大利主裁里佐利吹响了开场哨，无数镁光灯同时闪烁，在和平年代里，这4年一度的终极决战，夏日的荷尔蒙无处安放，只为这一刻爆发。拉维奇的快攻持球爆破推进，克罗斯的意外送人头的回传，伊瓜因却错失了一次天上掉馅饼的机会，赫韦德斯的遗憾中柱，当然还有梅西差之毫厘的独闯龙潭。所有的一切，都没能换来一粒进球，然而在德国队格策带着传奇射手克洛泽的使命上场时，乾坤被扭转了。

比赛第113分钟，在双方都已精疲力竭之时，德国队许尔勒左路强行突破后送出妙传，

格策完美卸下皮球。时间在这一刻凝固了 1 秒，并随着皮球整体越过罗梅罗身后的球门线完成了宣泄。爆裂、呐喊、欢腾，马拉卡纳的夜空被刺破了，梅西一瞬间低下了头，这样的失落感，只有他自己能体会。

关于这场比赛的一幕幕，也许多少年后，依旧会被人们忆起。我们会做无数次假设：如果，伊瓜因那个单刀打进，结果会是怎样？如果，梅西那脚抽射，再让他射一次，会不会百步穿杨？如果，帕拉西奥那次绝佳机会把握住了，会呈现出怎样的一番盛景？

梅西不是没有救赎自己的机会。加时赛最后时刻，阿根廷队获得位置极佳的前场任意球机会，而走上前去主罚这个犹如点球般金贵的人选，当然有且只有梅西。只可惜，他错过了一战封神的机会，伴随着那一脚射向天空的任意球，还有那一丝鬼魅的苦笑。一个男人，要经历多少坎坷，才能最终化茧成蝶呢？梅西，这最后的一步，仿佛咫尺天涯。

走到这里，所有人都是勇士，平心而论，这场世界杯决赛也是阿根廷队自 2006 年世界杯小组赛那场 6 比 0 血洗塞黑队之后打的竞技水平最高的一场世界杯比赛，梅西每一分钟都拼尽全力在战斗，又一次被摄像机拍到在场内呕吐不止，这个画面令多少球迷心碎，梅西和拉维奇二人迸发出了非常强悍的爆点作战能力，将萨维利亚最理想的快攻反击推向大赛极致。

抛开最终的结局而言，就比赛过程来说，这场世界杯决赛也是这支强大的德国队面临的最危险的一场比赛，梅西、拉维奇、伊瓜因组成的攻击群以及马斯切拉诺、比格利亚、恩佐佩雷斯组成的中场逼抢群，加雷为首的后防群，以非常坚韧严密的整体低位防守和迅捷犀利的快攻反击将德国队的整体防守体系彻底摧毁。

梅西全场跑动 10721 米，战斗到了最后的时刻，可以说，这是阿根廷队在本届世界杯，绝对破门机会最多的一场比赛。然而这就是命运，大力神杯在这一天，可能注定不属于里奥。他们摒弃了浪漫的足球理念，用最务实的态度，走到了距离梦想成真最近的地方，可这却是对失败者最残忍的惩罚。

那一夜故事的最后，阿根廷 10 号一直默默伫立在球场的角落，近距离凝望着大力神杯。那极度渴望的眼神，让人心寒又心疼。这一幕，恰好被一位中国记者拍下，后来还获得了荷赛摄影体育类一等奖，照片的标题就叫作《一步之遥》。

在这届世界杯上，梅西做得足够好。他也荣获了本届世界杯的金球奖，成为本届世界杯的官方最佳球员。然而，世界杯金球奖，终究没有世界杯冠军奖杯的含金量高。

最为关键的是，国外媒体开始质疑梅西戴上队长袖标是否合理。世界杯决赛进入加时赛时，一个画面令人颇感意外，阿根廷队凑成一堆，主帅萨维利亚给球员们动员，此时身为队长的梅西，一语不发，低头默默走到了一边，似乎全队的精神状态如何与他无关。而《每日邮报》抓拍到的一张图，更鲜明显现出了队长梅西在此刻的“过度低调”，马斯切拉诺在大声鼓舞着队友们，而梅西依然在角落里默不作声，仿佛只是个局外人。

对于金球奖的质疑，在后续逐渐演变为对梅西的舆论声讨。有太多媒体与球迷，开始抛出梅西依然没有兑现核心身份，他只是在小组赛对阵弱旅阶段有着好的发挥，在淘汰赛甚至是无比关键的决赛中，他的发挥都是让人失望的。梅西，真的就是这么不可饶恕吗？

答案显然是否定的！

即便是当年曾经狂喷梅西为演员的穆里尼奥，也在世界杯决赛后选择支持梅西，“梅西不该为决赛的失利负责！梅西早已成为这项运动中最伟大的球员之一，即使没有世界杯奖杯。梅西的错？不，我不这么认为。他在上半场发挥得非常出色，当萨维利亚用阿奎罗换下拉维奇之后，阿根廷队的阵型从“442”换成“433”，球队失去了整体的平衡性，梅西被迫做出了很多无用的跑动。”

梅西的第三次世界杯之旅结束了，从第一次的初出茅庐望眼欲穿，到第二次的踌躇满志大败而归，再到这一次，却最是让他痛彻心扉。世界杯结束时，他 27 岁，还有时间从头再来，但是他身边的战友呢，4 年后也许巅峰不再，新一代的才俊还未崭露头角，旧时代的光华却已日暮西山。

在那之后的每一天里，里奥·梅西也许一直会去回想，那会不会是上天赐予他唯一的机会。如果可以重来，他是否愿意拿出毕生的荣誉，去换取捧起大力神杯的一刻？江山代有才人出，各领风骚出百年。2014 年夏天，那一瞬的错过，也许真的就是永别。

阿根廷队又一次倒在了决赛赛场，27 岁的梅西未能追随马拉多纳的冠军脚步。整个世界杯，阿根廷队的比赛进程就像梅西称王的微缩版一样，但在现实世界里，他却在距冠军一步之遥的位置倒下了。

梅西的表现已经相当出色，他在 7 场比赛中贡献 4 球 1 次助攻，几乎是靠着一己之力将“潘帕斯雄鹰”带进决赛。在无缘大力神杯之后，梅西也获得了国际足联颁发的金球奖，继 2006 年齐达内和2010 年迭戈·弗兰之后，梅西也成功夺得这一个奖项。

05

新帅与旧人

Lionel Messi

2014 年巴西世界杯，阿根廷队在加时赛被格策的进球击碎了争冠的希望。巨大的失望面前，依然有很多阿根廷球迷在看台上燃起了烟花。也许，在他们看来，未到而立之年的梅西终于在国家队起到了该有的作用，阿根廷队进入了全面复兴后的争冠快车道。

2015 年的美洲杯，让整个阿根廷再度进入大赛的狂欢。毕竟，在过去的 2014/2015 赛季中，梅西用无可比拟的发挥，率领巴萨获得了欧冠、西甲以及国王杯的三冠王。而新帅马蒂诺的球队不仅拥有梅西，还拥有过往赛季在欧洲赛场上拿出优异表现的特维斯、阿奎罗、迪马利亚、伊瓜因等人，阵容依然强大。

作为三支种子队之一，阿根廷队与乌拉圭队、巴拉圭队、牙买加队分在了一组。小组赛首战，阿根廷队在拉塞雷纳的拉波尔塔达球场迎来了防守能力出色的巴拉圭队。阿奎罗上半场比赛利用对手失误攻入一球后，梅西在此后又稳稳罚入了迪马利亚创造的点球，2 比 0 的领先让胜利看起来唾手可得。不过，阿根廷队未能成功攻入第 3 个球杀死比赛，反倒让攻击能力一般的巴拉圭队在此后连进两球。2 比 2 的比分，不仅让梅西无比失望，也凸显出了马蒂诺在临场指挥上的巨大问题。

在下半场比赛中，马蒂诺用特维斯换下了帕斯托雷，而这时候，阿根廷队在梅西拉边突前的情况下丢掉了能串联中场与锋线的人选。根据《每日体育报》的消息，本场比赛表现较为出色的梅西在赛后拒绝了主办方单场最佳球员的奖项，主办方不得不将这个奖项交给了巴拉圭队的前锋巴尔德斯。

始终对国家队冠军心心念念的梅西，在本届美洲杯上倾注了所有。在接受媒体采访时，他甚至表示愿意用在巴萨赢得一切荣誉去换取美洲杯的冠军，“我愿意用在巴萨的一切来交换阿根廷赢得 2015 年的美洲杯，这是我梦寐以求的事情。”

轻松跨过小组赛之后，阿根廷队头名晋级淘汰赛。只是，他们的对手是在 2014 年巴西世界杯上表现极为出色的哥伦比亚队。当时，哈梅斯·罗德里格斯与法尔考等人都处于职业生涯的巅峰期，阿根廷队要想晋级 4 强，并不轻松。但是，从 120 分钟的比赛来看，阿根廷队在梅西的带领下将对手压制得毫无还手之力，而哥伦比亚队只能寄希望于通过点球大战的方式寻求晋级。

梅西依然是第一个主罚，依然稳稳地将皮球送入球门。在让人窒息的气氛中，第7轮出场的特维斯命中了救赎的点球，要知道，在上届美洲杯赛事中，特维斯是点球大战的罪人。梅西与特维斯紧紧拥抱的画面，感染着世界上的所有球迷。

“错过那么多的进球机会之后，在点球大战你真的不能不做最坏的打算。在这一刻，比赛是艰难的，好在一切顺利。”

半决赛对阵揭晓，阿根廷队迎来了小组赛时的对手巴拉圭队，而东道主智利队则是迎战“桑巴军团”。谁也没有想到，阿根廷队会如此疯狂且顺利地晋级决赛，他们用一场6比1的屠杀，将防守见长的巴拉圭队完全肢解。梅西虽然没有取得进球，但是他送出了3次精彩的助攻，理所当然地当选了比赛的最佳球员。

决赛的对手，是东道主智利队。阿根廷队自从1993年以来就无法摆脱在美洲杯上夺冠的魔咒，与智利队此前22场比赛不胜的阿根廷队的低迷，让梅西与他的球队成为夺冠的最大热门。但是，在圣地亚哥国家体育场，疯狂的智利球迷用“怂包”、“废物”这些侮辱性的词汇试图影响梅西。不过，梅西坦然面对着一切，与阿奎罗在场上不断地传递、热身。而在看台上，媒体的摄像机清晰地记录了梅西的家人遭到智利队极端球迷“围攻”的画面。激进的智利球迷与试图离开看台的梅西家人产生了冲突，甚至出现了肢体上的推搡。这一切，都被认定为智利球迷希望影响梅西心情的盘外招。

当比赛开始后，一切的焦点都在皮球之上。只是，在对手的限制下，梅西的发挥并没有半决赛那么抢眼。比赛，再度来到了点球大战。梅西用无法扑救的角度绕开了队友布拉沃的扑救，但是，伊瓜因与巴内加却在点球大战中罚丢点球，阿根廷队再度折戟决赛。

赛后，阿根廷最大的体育日报《奥莱报》刊登了一篇由该报主编法利内拉撰写的社论，法里内拉非常严厉地批评了梅西，社论甚至认为梅西不应该戴队长袖标“袖标错误地交到了梅西的手上”，“梅西的表现是令人愤怒的”。

在智利的美洲杯决赛中，梅西与阿根廷队在点球大战中败北。连续两年折戟洲际大赛决赛，对于梅西与阿根廷足球都是巨大的打击。好在梅西的卷土重来不需要等太久。

2016年夏天，南美、北美足协在美国举办了百年联合美洲杯。连续第三年的洲际大赛，阿根廷队却和智利队在小组赛中相遇。不管是举办方刻意营造复仇的气氛“安排”了这场对决，还是命运使然让“潘帕斯雄鹰”去证明自己，可以肯定的是，这一届美洲杯随着扩军带来的影响，正在呈现几何状态的增长。

赛前，梅西在对阵洪都拉斯队的热身赛中遭遇伤病，使他缺席小组赛首战对阵智利队的比赛。不过，此时再度将争冠作为目标的阿根廷队，对于复仇智利队有着强烈的欲望。在赛前接受采访时，梅西的一番话让人动容：“对于我来说，这届美洲杯是一届非常特殊的，尤其是在去年决赛失利的情况下。因此，我会非常想为阿根廷队赢得这届美洲杯。”

最终，在一场阿根廷队放弃控球权的反击战中，“潘帕斯雄鹰”凭借着迪马利亚与巴内加的进球，以2比1完成了复仇。

“让梅西完成复仇，让这支阿根廷再度成为夺冠热门。”——《世界体育报》

赛后，媒体通过个人社交平台对这次复仇发表了看法：“击败智利队是一场伟大的胜利！以一场胜利作为一届大赛的开始，这总是非常重要的。我希望可以尽快重返赛场来帮助球队，感谢来自你们的支持。”

在8强战对阵委内瑞拉的比赛中，身体已经完全恢复的梅西首发出场，表现出了十分优异的发挥。他不仅在下半场比赛第60分钟攻入一球，还送上了两次助攻，帮助伊瓜因首开纪录以及让拉梅拉锁定胜局。

在本届美洲杯中，阿根廷队踢出了极具整体感的足球，梅西明确指出，这是球队4战全胜的最重要原因。梅西说道：“当我们将皮球控制在脚下的时候，我们总是能够流畅地运转皮球，同时总是能够很长时间不丢球，这样一来，我们就能够通过调动对手的后防线来找到他们的破绽。何时应该寻找、等待机会，何时应该实施致命一击，这支阿根廷队对此有着极为深刻的理解。在对阵美国队的比赛中，我们依然要这么踢。”

在接下来跨过美国队之后，梅西在4场比赛中制造9粒进球，梅西将整体性态势明显的阿根廷队推上了一个战略上的新高度。只是，他们在决赛中再度迎来了桑切斯与布拉沃领衔的智利队。究竟是梅西与阿根廷完成复仇，还是智利队再度阻挡“潘帕斯雄鹰”的争冠希望?

这场仇人相见的比赛，在上半场就展现出了火星撞地球般的态势。迪亚斯因为对梅西凶狠犯规累计两张黄牌被罚下，而阿根廷队的后卫罗霍也因为一时热闹染红离场。半场比赛2红5黄，展现出了对决的激烈。在此后的比赛中，梅西送出了4次威胁传球，但是阿奎罗等人均未把握住得分机会。120分钟战罢，双方再度来到了点球大战。

在新泽西大都会球场数万名球迷的注视下，梅西迎来了巨大的压力。当时，智利队第一个主罚的比达尔点球被罗梅罗扑出，只要梅西将球罚入，阿根廷队就将处于气势上的巨大优势中。不过，重压之下的梅西，却将点球踢飞，而阿根廷队最终在点球大战中以2比4败北。

连续两年在美洲杯决赛中折戟点球战，连续三年在世界大赛中决赛失利，这支战术逐渐成形且多位球员处于巅峰状态的阿根廷队，在运气与心魔的绞杀下，迎来了巨大的失落。

“神是不会退休的，哪怕他再像个人。”——加莱亚诺

上面的这段话，是乌拉圭著名作家加莱亚诺写给球王马拉多纳的。而在 2016 年夏天的百年美洲杯后，梅西却做出了退出国家队的决定。

“我已经做出一个属于我的决定，那就是退出阿根廷国家队。国家队生涯对我来说已经结束了，我已经做出了决定。这是第 4 次决赛失利，我非常想为阿根廷队赢得冠军，但不幸的是我没能做到。在更衣室我想我要退出国家队了，这不是我该在的地方了。是我踢丢了点球，就是这样。我想这对所有人都好。进入决赛却拿不到冠军，所有人都很难过。我努力想要成为冠军，但是就是做不到。”

这一次，梅西没有与队友完成复仇，他们像 2015 年美洲杯决赛那样，再度在点球大战中负于智利队。巨大的失落在体育场上空蔓延，与智利人的狂欢形成了鲜明的对比。

更让梅西无法接受的是，再加上 2014 年世界杯决赛被德国队在加时赛中绝杀，他与阿根廷队连续三年在世界大赛的决赛中折戟。

这种挫败感，对于任何人来说都是毁灭性的打击。

然而，梅西此番退出国家队，并不是一种刻意的逃避，而是主动揽责。这是充满自责的言语，也是主动将责任揽在身下的勇敢表现。作为近年来阿根廷足坛最具天赋与统治力的球星，梅西承担了整个国家的期望，而连续三次折戟世界大赛决赛，让梅西迎来了太多太多的质疑与批评。

三年，三届洲际大赛，三个亚军。梅西已经拼尽全力，但双拳难敌四手，他需要一个得力的辅助推进点，因此每一个队友的不在状态和受伤对阿根廷队的损失都是巨大的。

可以说，这样的打击比失去冠军让阿根廷举国上下更加难以承受。在国内媒体的带领下，几乎掀起了全民挽留梅西的行动，甚至就连阿根廷总统都亲自发声，劝说梅西留下。

马拉多纳说："梅西需要留下，他必须留下，因为他的职业生涯还很长，他要去俄罗斯成为世界冠军。人们应该为他提供更多的支持，以让他带领球队前进。那些说他应该退出的人是为了掩盖隐藏在阿根廷足协背后的灾难。"

与梅西并称绝代双骄的 C 罗也表示了对他的支持："看见梅西流泪我很难受，我希望他能回归国家队，因为阿根廷需要他。"

有一组数据可以证明梅西对于阿根廷有多么依赖：在梅西出场的 6 场世预赛中，阿根廷队 5 胜 1 负，胜率高达 83.3%，而在他缺席的 8 场世预赛中，阿根廷 1 胜 4 平 3 负，胜率仅为惨淡的 12.5%。就连对阵厄瓜多尔的世界杯预选赛南美区最后一轮，悬崖边上的阿根廷队仍旧需要梅西来拯救。

比赛第 10 分钟，梅西和迪马利亚打出配合，后者横传门前，梅西推射扳平比分。这个进球迅速让阿根廷全队找回了自信，而梅西更是不可阻挡。10 分钟后，梅西禁区前沿完成抢断后抽射反超比分，阿根廷队占据了晋级世界杯的有利身位。更加精彩的是比赛的第 62 分钟，梅西接应恩佐·佩雷斯的直传球后在三人包夹中与大禁区外吊射破门，"帽子戏法"！梅西以一己之力扛着阿根廷队闯进了世界杯！

赛后，阿根廷主教练桑保利在新闻发布会上说了这样一番话："我告诉球员们，梅西不欠任何人一座世界杯赛奖杯，是足球欠了梅西一个世界杯，我们可以用我们的力量帮助最好的球员进入世界杯。如果最好的球员，梅西，不能参加世界杯，那么就是不合乎逻辑的。"

"如果阿根廷队无缘世界杯，我会疯掉。"这是梅西在率队客胜厄瓜多尔队杀入世界杯后接受采访的话语，他对于胜利的渴望与荣誉的追求无以复加。

06

俄罗斯之殇

Lionel Messi

2018年俄罗斯世界杯，在小组赛首战对阵冰岛队的比赛中，面对冰岛队的严密封锁，阿根廷队虽然占据优势，但是却始终无法攻入第二个进球。当梅西罚丢点球后，媒体在赛后对于梅西的调侃与攻击，更是达到了一个全新的高度。“懒撒的比赛作风、无法在关键时刻挺身而出的气质”，都是媒体攻击梅西的一个展现。

2018年6月20日D组展开第2轮比赛，阿根廷队对阵克罗地亚队，第52分钟，阿根廷门将37岁的卡巴列罗手抛球失误，被霍比奇打了探头，抢断凌空抽射破门。阿根廷队0比1落后，场上均势也被打破。面对克罗地亚队，梅西再次遇到了针对性的防守。克罗地亚人全队众志成城，有效地切断队友与梅西的联系。此后莫德里奇外围远射得手，拉基蒂奇打门成功，溃不成军的阿根廷队，0比3惨败给克罗地亚队。

此役过后，克罗地亚队两战积6分已经提前出线。阿根廷队两战积1分，进球数1个，净胜球-3。接下来要看冰岛队和尼日利亚队交手的情况，如果冰岛队不胜，阿根廷队还有希望；冰岛队若胜，两战4分到手，最后一战只需战平。阿根廷队就算赢了尼日利亚队，也只能收拾行李回家，上届世界杯亚军“潘帕斯雄鹰”面临小组赛即出局的窘境。

两场比赛的碌碌无为让梅西陷入空前的压力，阿根廷国内媒体甚至集体炮轰梅西，要求他离开国家队。全然将当年梅西退出国家队时他们如何挽留的行为抛诸脑后，也完全忘记了是谁以一己之力扛着阿根廷队闯进了世界杯。

但梅西没有放弃，他在最后一轮开打前面对全队发表演讲，这极大地鼓舞了阿根廷全队。而梅西也以身作则，在面对尼日利亚队的生死战比赛中率先进球。

2018年6月26日，D组展开最后一轮，阿根廷队对阵尼日利亚队。开场仅仅14分钟，梅西有如天神下凡，接巴内加的长传直捣黄龙，一停一趟一射，每一个步骤都像机器计算过一般精准，丝毫不拖泥带水，皮球直挂近角入网。

那停球射门如行云流水，一气呵成，完美体现出梅西那叹为观止的绝世技艺，可是在这届世界杯上，梅西这样的表现太少了。随后马斯切拉诺禁区内对尼日利亚队的巴洛贡犯规，得到黄牌的同时尼日利亚队获得点球，前锋摩西主罚命中，场上比分变成1比1。

第75分钟罗霍的进球锁定胜利，2比1击败尼日利亚队后，阿根廷队挺进16强，

adidas
10
MESSI

而他们的对手是猛将巨星云集、青年才俊辈出的法国队。

最终梅西和阿根廷队还是没能走得更远，淘汰赛首轮面对青春无敌的“高卢雄鸡”。虽然梅西的射门一度帮助阿根廷队反超比分，但最终他还是只能目送着姆巴佩用风驰电掣的速度诉说着年轻的力量，就像12年前他初登世界杯赛场时那样。最终的比分是3比4，阿根廷人不是没有希望，但这一球的差距，就是年轻12年胶原蛋白的力量。

赛后，满屏的头条新闻都是关于姆巴佩怎样将阿根廷队撕扯得支离破碎，以及他如何代表着新王时代。实际上，就各自队伍作战方式而言，阿根廷队和葡萄牙队都与他们各自的巨星脱不了干系：前者就是一支可笑又无能的队伍，依赖他们的天才梅西，拯救阿根廷队于水火之中；后者训练有素但个人能力有限，成功完全取决于C罗的进球。

在2014年到2016年的三年里，处于巅峰状态的梅西遇到了近十年来最好的阿根廷队。迪马利亚、阿奎罗等人处于职业生涯的黄金期，能在较大程度上给予梅西助力。但随着他们年龄的增加，根本无法与梅西形成默契。俄罗斯世界杯上的梅西，被定义为一个球场孤独者。作为球队战术核心，他得不到队友的支援与配合，只能在中场持球一次又一次地冲击对手的防线，在包夹中寻求分球与突破。整体性十足的现代足球，在最大程度上扼杀了梅西的天赋。

这一次，梅西在国家队的救赎是失败的。天气还未转凉，寒冬却已降临。

赛后，他没有接受媒体的采访，只是默默地凝视球场许久，尔后低头离开。他似乎仍对这座球场、这支球队留有眷恋，但当马斯切拉诺、比格利亚等人宣布退出阿根廷国家队后，梅西的离开仿佛也只是时间的问题。

似乎是冥冥之中的天意。仅仅几个小时后，C罗所在的葡萄牙队也离开了世界杯赛场。曾经的“绝代双骄”，竟在同一天告别世界杯，似乎是无情的命运敲响了散场的钟声。属于“绝代双骄”的时代，可能即将过去。

第十二章
新的时代

01

繁忙的夏天

在阿根廷，他们只有一个梅西可以依赖，在巴萨呢？除了梅西，还有伊涅斯塔、皮克、苏亚雷斯、布斯克茨、拉基蒂奇……但是他们也会老去，当梅西也 30 岁了，当冉冉升起逐渐步入巅峰期的内马尔也离去的时候，这支过去三年两夺西甲冠军，一次欧冠冠军，实现国王杯三连冠的新王朝球队，不可避免地重新陷入一个令所有人都非常担忧焦虑的境遇当中，尤其当“掌舵人”恩里克也失去他的魄力和灵感之后，选择了离开，这支“红蓝战舰”将驶向何处，所有人都不得而知。

其实早在 2016/2017 赛季的欧冠面对大巴黎之前，已经开始传出内马尔对球队地位的不满，以及对成为球队头牌的巨大野心。但是，因为梅西太强大了，太伟大了，越是靠近他的人，越能令竞争者感受到绝望。也许是这一点，也许是巴西人对足球理解同西语系球员的差异，也许是对马西亚集体主义足球哲学熏陶出来的队友的厌烦，也许是对梅西天价续约合同的妒忌，也许是这些全部的原因，内马尔最终还是选择了离去，选择了他曾经认为的最理想的平台，选择了一条和巴萨截然相反的路。

对金元足球为建队模式的巴萨管理层来说，内马尔的叛逃，可以说是非常巨大的、沉重的打击，因为这个管理层的核心利益命系巴西足球市场，而内马尔这个人，意味着什么呢？可以毫不夸张地说，他就是巴西市场！

新帅巴尔韦德也从毕尔巴鄂竞技加盟巴萨，这个极具战术设计能力的风度翩翩的西甲名帅，历经了多年西甲中游强队磨砺的传奇教练，终于迎来了他执教超级豪门的机遇，各界对他也像对恩里克一样，既充满了期待也充满了质疑，毕竟这是一支“MSN 三巨头”已经分崩离析的巴萨，是一支伊涅斯塔已经过了巅峰期的巴萨，是一支不再拥有哈维、普约尔的巴萨，但是，他们还有梅西。所以，质疑和期待始终交织在一起。

门将特尔施特根，左后卫阿尔巴，中后卫乌姆蒂蒂，中后卫皮克，右后卫罗伯托，后腰布斯克茨，中前卫拉基蒂奇，中前卫库蒂尼奥，左影锋登贝莱，中锋苏亚雷斯，右影锋梅西。替补大将：迪涅，马斯切拉诺，维尔马伦，塞梅多，保利尼奥，丹尼斯苏亚雷斯，安德烈戈麦斯，帕科。这就是新赛季巴萨的阵容牌面，如何调控好这样一支实力略有下滑的队伍，在质疑大于期望的情况下，取得一个令方方面面都满意的成绩的确不是一件容易的事情。

在探讨 2017/2018 赛季之前，我们尤其不能忽略的就是，这个时候巴萨面临的对手是怎样的对手。

由于西甲职业联盟主席特巴斯力主的西甲电视转播分成的改革方案得以顺利实施两年，两年来，西甲过去的几个传统豪门，除了巴萨皇马之外，马德里竞技、巴伦西亚、塞维利亚、毕尔巴鄂竞技、比利亚雷亚尔、皇家社会、皇家贝蒂斯都不同程度地受益于电视转播分成的改革，使得球队的财政状况得到了极大的质的改善，再加上这些球队本身的球探系统极其精明专业，青训质量非常高，青训人才储备非常雄厚，所以西甲的竞争格局相比几年前经济危机时代西超双雄垄断的两极格局发生了天翻地覆的变化，随之而来的改变就是，西甲球队在欧战当中出现了集团性的成绩垄断和碾压，巴萨在西甲的强劲对手也不再只是皇马这一家。

欧冠改制之后，没有球队实现过卫冕，这支皇马实现了，并且他们在过去三年没有进行一次单价超过 5000 万的天价引援，绝大多数的引援都是性价比非常高的引援作为，但是反映在球队的竞技建设当中，皇马展现出的就是前所未有的球队凝聚力，前所未有的球队阵容厚度，类似“梦三”巴萨那样的本土化和国际化阵容建构的某种平衡出现在了这支皇马身上，这不得不令所有巴萨球迷感到一丝恐怖的寒意。

天才少年登贝莱也许是内马尔之后，世界足坛“90”后最强的爆点型影子前锋，但是现在的西甲格局和欧冠格局，是只靠增加一个天赋不俗的爆点前锋就可以改变大局的吗？库蒂尼奥的加盟，可以接过伊涅斯塔的大旗扛起巴萨的中场吗？巴尔韦德的执教能力能否力挽狂澜？我们不得而知。

02 志在千里

巴萨拥有梅西，这位现役足坛的球王级的巨星。所以在伊涅斯塔逐渐淡出巅峰期，马斯切拉诺离开的情况下，梅西作为巴萨更衣室资历最老的巨星，毫无争议地接过了队长袖标，正式成为巴萨的竞技和更衣室双料领袖，尽管他的人格类型也许并不是做更衣室领袖的合适人选，但是士不可以不弘毅，任重而道远，铁肩担道义，天将降大任于斯人也，你不做领袖，谁做领袖？命运和时势将梅西逼到了这个境遇，为了球队，他不得不选择承担这个自己也许并不合适的角色，这就是梅西，极致的充满个人主义的球风，但是骨子里确是集体主义的梅西，不得不令我们为之而动容！

由于西甲竞争格局天翻地覆的变革，由于皇马史无前例的强大，由于球队关键位置人员年龄结构的老化，由于管理层金元足球建队模式的偏执以及去青训化建队的影响，巴萨无论在年龄结构合理程度上还是阵容轮换厚度上，都已经不再是过去几年巅峰时代的战斗力水平，所以 2017/2018 赛季，巴萨面临的考验是史无前例的，也许这种危机要比 2013 年春天惨败拜仁之后那段时间更加强烈。

危难之际，又是梅西站了出来，他做了队长，承担了球队领袖的责任，率领着这样一支并不令人有信心的巴萨，在 2018/2019 赛季前半段打出了非常高质量的连胜，实现了西甲积分榜榜首的重新垄断，欧冠当中，巴萨面对欧冠亚军，意大利现役第一教练阿莱格里治下的尤文图斯，在梅西重新回到伪九位置的首发当中，以一场酣畅淋漓的客场胜利，向全欧洲宣告，梅西回来了，巴萨没有倒下！巴尔韦德也向全欧洲展现出了他战术设计能力一流的名帅素养，为了平衡布斯克茨、拉基蒂奇体能早衰，伊涅斯塔老化所带来的攻守失衡的问题，他选择了将巴西中场保利尼奥加入到球队首发当中，选择锋线只保留梅西和苏亚雷斯两个强点，将球队的首发阵容从“4123”改成了“4132”，保利

尼奥这样一位跑动能力非常强、兼具高水平射术的“B2B”中前卫的加入，使得巴萨的进攻层次更加丰富，一定程度上弥补了登贝莱的稚嫩和伤病带来的战斗力缺失，也一定程度上弥补了内马尔离开之后失去的火力点。

2018/2019 赛季 C 罗远赴亚平宁半岛，加盟尤文图斯。没有了这位相抗十年的绝世对手，梅西也许感到一丝寂寞。无论如何，作为顶级射手、一代球王，梅西始终保持较高水准，他依然能进球如草芥。2018 年 10 月 4 日，欧冠小组赛第 2 轮，巴塞罗那客场 4 比 2 战胜热刺，梅西完成“梅开二度”，缔造了连续 10 年进球数达到 40 粒及以上的纪录，此外梅西在其参加的 65 场欧冠小组赛中，打进 65 球，是欧冠小组赛阶段的射手王。

而他在对阵埃因霍温，上演“帽子戏法”，其中一记“落叶幽斩”式的任意球破门技惊四座，让人们对于新赛季梅西领衔的巴萨充满信心。

03

爱归原点

Lionel Messi

俄罗斯世界杯的失利，让梅西的心情跌入谷底，而家人的呵护与陪伴，又给了他重新振作的勇气。膝下有三位萌宝佳儿相伴，身边有娇妻美眷相随，令梅西瞬间忘记了功利纷扰，身心沐浴在家的爱河之中。

梅西有三位爱子，分别是生于 2012 年 11 月 2 日的长子蒂亚戈·梅西、生于 2015 年 9 月 11 日的二儿子马特奥·梅西以及生于 2018 年 3 月 10 日的第三个爱子西罗·梅西。

在梅西看来，如果要问他 2012 年最开心的时刻是哪一天，恐怕既不是金球奖四连霸，也不是年度 91 球纪录，而是小蒂亚戈——他的第一个儿子出生的那天。“初为人父的喜悦，要比获得任何一座奖杯更甚。”这是梅西对小蒂亚戈无与伦比的评价。

而提到小蒂亚戈，我们就不得不说说他的母亲安东内拉，梅西与之相爱的浪漫故事是令所有人羡慕的“人生只若初见”，这是一段典型的青梅竹马恋情。

1996 年，梅西 9 岁，还在纽维尔老男孩的青训营，他和童年玩伴也是一直的好朋友卢卡斯·斯卡利亚一起训练一起玩耍。卢卡斯·斯卡利亚有一个堂妹，叫安东内拉。比梅西只小 1 岁的安东内拉，也经常像个假小子一样混在堂哥斯卡利亚和梅西的“小队伍”里玩耍。那是一段非常纯粹的童年时光。

2000 年，年仅 13 岁身高只有 1.40 米的梅西征服了巴萨青少年队的教练，而对于梅西的病情，巴萨方面也承诺会竭尽全力。于是梅西和他的家人为了踏上足球之路毅然举家搬迁到西班牙。而安东内拉依然留在阿根廷，和很多阿根廷中产阶级家庭的女孩一样开始读书升学。从西班牙的巴萨到阿根廷的罗萨里奥，遥远的距离，命运的错位，两人再没有在孩童时频繁见面玩耍的机会。

童年的誓言，留过的纸条，也成了尘封的记忆。

谁能想到，几年后丘比特的神箭再一次让两个人的心紧紧连在一起。

THE BEST
FIFA FOOTBALL AWARDS 2017
adidas
KIA MOTORS

2005 年，安东内拉的一位闺蜜从舞厅出来，被一个醉驾者当场撞死。长情的安东内拉很伤心，梅西得知后竟然立刻飞回阿根廷陪伴安东内拉。这样暖男的行动有几个女孩会不心动？这次的见面，让梅西和安东内拉的关系奠定了很好的基础。此后，梅西还是回到巴萨继续他的足球之路，而安东内拉则在阿根廷罗萨里奥国立大学继续学习。

山海两隔，可是两情若是久长时，又岂在朝朝暮暮。

2007 年，安东内拉向朋友吐露自己与梅西开始正式交往。而那时候 20 岁的梅西已经能在西班牙国家德比中达成“帽子戏法”的成就。

2009 年，梅西迎来了职业生涯的第一次大丰收，“六冠王”的巴萨和初出茅庐的梅西完美结合，而梅西在阿根廷国家队也首次穿上 10 号球衣。到了这一年年底，梅西当选欧洲足球先生和世界足球先生，一个新的足坛巨星冉冉升起。

2012 年 6 月 2 号，对阵厄瓜多尔队，梅西进球后把足球塞进球衣庆祝，安东内拉怀孕的消息正式曝光。11 月 2 号，梅西和安东内拉迎来了第一个儿子——蒂亚戈。

巧合的是，梅西与 C 罗的生日相差 870 天，小蒂亚戈同样比 C 罗的孩子晚 870 天来到这个世界。冥冥之中，似乎有种天意，要让“绝代双骄”的下一代共同书写新的传奇。

从此，观众席上又多了个为梅西鼓掌的小家伙。安东内拉经常带着孩子一起，到球场为梅西加油助威。梅西的足球生涯大放异彩，可是不管身价多高、拿奖多少，梅西对于安东内拉的感情始终如一，没有比赛的时候，梅西都会尽量多陪伴在安东内拉和孩子身边，享受一家人的幸福时光。

2017 年，梅西与安东内拉回到初识的地方，补办了婚礼，此时两人已相识 21 年。这对青梅竹马的恋人，辗转数年终于相爱，如今携手一生的故事已经成了足坛佳话。没有什么轰轰烈烈惊心动魄，却一直是相濡以沫细水长流。

在那场世纪婚礼上，梅西说“我所有的荣誉都比不过喜欢她的 21 年。”

04 王者掠影

Lionel Messi

在翻阅梅西的历史时，我们往往将目光投放在那些精彩纷呈的过人、妙到毫巅的射门、一针见血的传球和一项一项被打破的纪录上，但是我们常常忽略了，在这一连串光辉亮丽的球场表现背后，是一个为我们塑造的伟大人格榜样。

他出身平凡，生长在罗萨里奥的不为人知的家庭，可能终其一生都平淡无奇；他天生体弱，未成年便被诊断出不治之症，可能就此告别深爱的绿茵；他命途多舛，尚且年幼便四处奔波，为了治病与理想而漂洋过海；他孤独无助，名扬天下却仍旧不被家乡所理解，背负着他本不该承担的谴责。

但是，他天资卓绝，垂髫之年便展现出天赋异禀，仿佛天命便在于足球；他顽强不屈，虽然漂泊无依但却绝不向病魔低头；他不改初心，坚守着生命最初的热爱，佳人、事业与球队莫不如此；他一往无前，纵使祖国仍有千夫所指，也仍然一腔热血，只为完成“潘帕斯雄鹰”再次振翅的梦想。

15 岁，他命遇贵人，雷克萨奇和明格利亚慧眼识英，认定他是足球的天命之子。

17 岁，他崭露锋芒，罗纳尔迪尼奥与他惺惺相惜，毫不避讳地推举他将成为世界最佳。

21 岁，他石破天惊，北京的亿万球迷见证他登顶奥运冠军，凭一己之力带动雏鹰振翅。

22 岁，他满贯加身，六冠王伟业使他成为最年轻的大满贯先生，亲手揭开自己的时代大幕。

24 岁，他续写历史，再次登顶五冠王，向足坛宣告当世球王的无比统治力。

25 岁，他彪炳史册，单自然年 91 球的神迹，让他足以比肩那些名垂青史的足坛传奇。

28 岁，他再创辉煌，“MSN 三叉戟”横扫欧洲，作为当之无愧的核心得以五拿金球。

30 岁，他家庭圆满，知天命之年，他终与一生所爱喜结连理，从始至终，情深未改。

如今，他已经 31 岁，5 座金球、5 座欧洲金靴、30 个冠军头衔和数不胜数的纪录，无不在为我们娓娓道来一个传奇而励志的伟大偶像。那个站在无数领奖台上仍然谦逊微笑的男人，是足球这项运动能带给我们最好的人生启迪。

他是里奥·梅西，他是当世球王。

印象梅西

里奥·梅西特别附录

LIONEL MESSI

梅西十大经典战

LIONEL MESSI TOP TEN CLASSICS

1 西甲首球

巴萨 2 比 0 胜阿尔巴赛特

上半场巴萨以 0 比 0 和对手战平。直到下半场第 66 分钟，才依靠埃托奥的破门打破僵局。比赛至 88 分钟，梅西替补出战，仅过 2 分钟，梅西接小罗妙传后挑射破门，成为巴萨史上进球第二年轻的球员，梅西不仅打进自己在巴萨的处子球，并从此开始了自己的巨星之路。

2 德比戴帽

巴萨 3 比 3 平皇马

皇马曾三球领先，而且巴萨还是 10 人应战，但因一人而不同——他就是梅西，他两度扳平比分，分别在第 11 分钟和第 28 分钟。在比赛进入伤停补时的时候，梅西第 3 次站了出来，单枪匹马甩开了两名后卫，禁区左肋破门，完成生涯第一个“帽子戏法”，以一己之力为巴萨主场留下 1 分。

3 连斩六人

巴萨 5 比 2 胜赫塔菲

2007 年 4 月 18 日，西班牙国王杯半决赛首回合，诺坎普球迷见证了伟大的时刻。比赛进行到第 29 分钟，梅西打入一粒“马拉多纳式”进球，整个过程耗时 12 秒，长途奔袭约 60 米，连过 6 人，躲过 3 次逼抢、3 次铲球，从启动到完成射门，梅西的这个进球与马拉多纳的千里走单骑几乎是如出一辙。这样的表现足以让他获得“球王接班人”封号。

4 临危救驾

桑坦德 1 比 2 负巴萨

本场比赛梅西得到轮休，第 54 分钟，日基奇主罚点球命中，桑坦德1球领先。失球后，瓜迪奥拉马上换梅西上场。第 64 分钟，亨利左路传中，哈维门前近距离头球击中横梁后弹出，后点跟进的梅西轻松将球

推进空门，1 比 1。第 80 分钟，梅西禁区右侧胸部停球，在门前 6 米处右脚凌空射门得分，巴萨 2 比 1 反超。梅西为巴萨队打进球队历史上第 5000 个进球。

5 力擒红魔
巴萨 2 比 0 胜曼联

2009 年 5 月 27 日，欧冠决赛。第 10 分钟，伊涅斯塔中路带球突破塞到禁区右侧，埃托奥巧妙扣过维迪奇，为球队先拔头筹。第 70 分钟，哈维右路得球突至禁区前沿准确起球越过费迪南德头顶，梅西后点距门 6 米处头球吊射入远角。身高不足 1.7 米的梅西总被世人讽刺，但“小跳蚤”却能在世界最高舞台上完成头球破门。这是梅西生涯中最重要的头球破门，也是欧冠决赛中的经典。

6 阻击枪手
巴萨 4 比 1 胜阿森纳

2010 年 4 月 6 日，欧冠 1/4 决赛次回合，巴萨主场对阵阿森纳。开赛第 18 分钟，沃尔科特反越位成功，禁区右侧传中，中路包抄的本特纳破门。阿森纳总比分 3 比 2 领先。巴萨第 21 分钟扳平比分，梅西禁区弧内左脚劲射右上角入网。总比分 3 比 3。巴萨第 37 分钟反超比分，佩德罗回传，梅西在小禁区边缘处右脚推射破门。第 42 分钟扩大领先优势，反越位成功的梅西禁区边缘面对出击的阿穆尼亚轻松挑射破门，这是他本赛季第 4 个“帽子戏法”，也是近 21 天内的第 3 个“帽子戏法”。

7 五球膜拜 巴萨 7 比 1 胜勒沃库森

2012 年 3 月 8 日，欧冠半决赛次回合，比赛第 25 分钟，哈维中路挑传，梅西单刀突入禁区，挑射破门。第 42 分钟，梅西摆脱 3 名后卫左脚劲射破门。下半场第 49 分钟，小法中路挑传，梅西反越位成功，上演“帽子戏法”。第 58 分钟，梅西与队友做墙式配合后，单刀破门上演“大四喜”。第 84 分钟，梅西弧顶远射破门，梅西打进本场个人第 5 个进球，这也是他职业生涯首次在单场比赛打进 5 球。本场比赛是自欧冠改制以来，第一次有球员在一场比赛中打进 5 个进球。

8 征服伯纳乌 巴萨 4 比 3 胜皇马

2014 年 3 月 25 日，巴萨做客伯纳乌，开赛仅 7 分钟，梅西助攻伊涅斯塔破门。皇马在第 20 分钟和 24 分钟连入 2 球反超比分。第 42 分钟，梅西同内马尔踢墙配合后劲射入右下角，2 比 2 平。皇马第 55 分钟由 C 罗罚进点球，3 比 2。第 65 分钟比分再次扳平，拉莫斯禁区内对内马尔犯规，被红牌罚下，梅西主罚点球命中，3 比 3。

双方在伯纳乌的世纪大战中各入 3 球，是 45 年来首次。第 84 分钟，“小白”在禁区左侧突破被拉倒，梅西再次主罚点球命中，4 比 3 巴萨反超比分。梅西成为首位在伯纳乌世纪大战中上演“帽子戏法”的巴萨球员，也成为首位两次上演“帽子戏法”的巴萨球员。

9 绝境逢生 梅西戴帽率队逆转厄瓜多尔

2017 年 10 月 11 日，俄罗斯世界杯南美区预选赛最后一轮比赛，此役对于阿根廷队是生死一战，唯有赢球才直接入围世界杯决赛圈。

开场 38 秒，伊巴拉和奥多涅斯进行头球撞配合后，伊巴拉小禁区左侧推射破门，厄瓜多尔队 1 比 0 领先，阿根廷

队遭遇当头一棒！关键时刻梅西又一次拯救了阿根廷队。第12分钟，迪马利亚禁区左侧低传中路，无人盯防的梅西在约9米处捅射入网，将比分扳平。

第20分钟，厄瓜多尔队艾马尔停球失误，梅西断球突入禁区左肋射入近角，2比1，阿根廷队实现反超。

第62分钟，梅西突然加速甩开防守球员，在禁区边缘失去平衡下搓射吊过门将入网，3比1，阿根廷惊险出线。

这是梅西在世界杯预选赛中的首个"帽子戏法"，他在世界杯预选赛已打入21球，跃居世界杯预选赛南美区历史射手榜榜首。

10 欧冠戴帽王 巴萨4比0胜埃因霍温

2018年9月18日，欧冠B组首轮打响，巴萨凭借梅西和登贝莱的进球，在主场以4比0大胜埃因霍温。双方欧战历史交锋6场，巴萨2胜3平1负占据优势，埃因霍温14次客战西班牙球队5平9负未尝胜绩。巴萨此前5个赛季26个欧冠主场24胜2平保持不败。第31分钟，登贝莱突破赢得禁区弧顶定位球机会，梅西任意球绕过人墙打进球门右上角，为巴萨首开纪录。

第74分钟库蒂尼奥传球，登贝莱拉球转身甩开2人，突破至18米处，用一记弧线球射入埃因霍温球门的右下角。

第77分钟，米林解围失误，拉基蒂奇前场拦截后直接挑传，梅西在约9米处低射左下角入网，3比0，巴萨4分钟连入2球锁定胜局。

第87分钟，苏亚雷斯直传，梅西禁区右肋单刀射入远角，4比0，这是他在巴萨的第42个"帽子戏法"，也是欧冠的第8个"帽子戏法"，从而超越C罗，成为欧冠戴帽最多的球员。

adidas
AFA
10

印象梅西

三十大战靴

里奥·梅西珍藏传记

Lionel Messi

梅西历代战靴解码

我们来回顾一下梅西的整个专属战靴系列，看看那些陪伴“梅球王”攻城拔寨的功勋球鞋是怎样一步步发展至今的。

01 F50.9 TUNIT Messi

梅西第一款专属阿迪达斯F50.9诞生在2008/2009赛季。他第一次穿着就为巴塞罗那创造了历史——在对阵桑坦德竞技的比赛中打入俱乐部史上第5000个联赛进球。值得一提的是，这款球鞋也曾在伯纳乌创造了6比2的比分，还有国王杯、联赛和欧冠的三冠王。

02 F50i TUNIT Messi

在夺得了欧冠冠军后，F50i甚至成为国际性报纸的封底，其后阿迪达斯为梅西带来了限量版的“蓝金”专属配色。他的第二款专属球鞋比第一款拥有更多的个人元素，由袋鼠皮打造面料，独特的专属图案设计灵感来自阿根廷国旗和梅西家乡罗萨里奥。

03 F50i TUNIT Messi “Ⅱ”

在巴萨与皇马的国家德比前夕，阿迪达斯交给了梅西另一款专属F50i TUNIT的“白蓝金”版。这款战靴是梅西最为难忘的专属作品，因为它见证了梅西打破的许多纪录和赢得的许多头衔。他在对阵阿森纳的欧冠比赛中攻入4球，并且赢得了职业生涯首个FIFA“年度世界足球先生”称号，成为第一个赢得这项荣誉的阿根廷人。

04 Adizero F50

2010年世界杯之前，阿迪达斯推出了重量只有165克的全新Adizero F50足球鞋。发布会上，梅西手拿的那双电光紫色的F50成为了之后他在世界杯赛场上的战靴。2010年南非世界杯的赛场，比利亚等球员穿着的是黑、黄配色，罗本都球员穿着的是红、黑配色，

只有梅西一人穿着被我们戏称为“变色龙”的电光紫配色皮版 Adizero F50，显然这是梅西 2010 年世界杯的专属配色。

05 Adizero F50 Messi Ballon d'Or

2010/2011 赛季开始前，阿迪达斯为梅西送上了这款全新的金色 / F50 Adizero。球鞋采用简约的设计配以尊贵的颜色，庆祝梅西夺得了“年度世界足球先生”的头衔。而首次亮相是在阿根廷对阵西班牙队的国际友谊赛上——梅西只用了 10 分钟的时间就取得了进球。

06 Adizero F50 Messi Ballon d'Or 2010

在成为第二位连夺 3 次金球奖的球员后，阿迪达斯为庆祝这一伟大的成就，再次为梅西推出了特别专属版本。延续尊贵的金色主题，阿迪达斯加入了黑白条纹，展现一种简约而又不失奢华的设计。梅西仅在巴塞罗那 4 比 2 赢下皇家贝蒂斯的比赛中穿过一次。

07 Adizero F50 Messi

在 2012 年，阿迪达斯邀请梅西的粉丝们通过 Miadidas 自定义服务系统为梅西设计一双战靴，而梅西从中挑选他最为喜欢的一款，在对阵马德里竞技的比赛中使用。在 14200 个设计作品中，哈维尔·帕斯夸尔·穆勒赢得了这份光荣，他设计了一个白色的鞋面加上红色的后跟以及三条纹，再配上黑色大底。梅西在本场比赛中打进 2 球并以协助球队以 4 比 1 赢得完美胜利。

08 Adizero F50 Messi Ballon d'Or 2012

在梅西第 4 次夺金球奖时，阿迪达斯也奉上其纪念战靴。此款鞋的设计灵感来自阿根廷国旗的 4 个金色太阳，将其放于鞋面，每一个都代表着梅西所赢得的每一座金球奖。这款球鞋也只在一场国王杯的比赛中穿过。

09 Adizero F50 Messi 2013 “I”

2013 年，梅西又在自己的履历上增添了不少重大的成就，包括了 5 次联赛冠军、2 次国王杯冠军、5 次超级杯冠军、3 次欧冠冠军、1 次奥运冠军以及 4 次 FIFA“年度足球先生”。还不止，他在一个自然年中取得了 91 个进球。最终这一切使得阿迪达斯为梅西推出全新专属球鞋，并且首次应用设计灵感来自梅西名字的“M”专属标志。

10 Adizero F50 Messi 2013 "Ⅱ"

颜色和图案都以梅西在球场上所散发的光芒作为灵感，阿迪达斯为梅西推出这款专属球鞋。阿迪达斯还让梅西穿上了带有LED的衣服，来抓取他在黑暗中的灵动瞬间。梅西在巴塞罗那对阵AC米兰的欧冠比赛中穿上了全新配色的战靴，最终比赛以1比1平局结束。

11 Adizero F50 Messi "370"

梅西在巴萨以7比0拿下奥萨苏纳的比赛中上演"帽子戏法"之后，梅西正式超越巴萨传奇人物——阿尔坎塔拉，成为俱乐部史上进球最多的球员。为庆祝这个伟大的时刻，阿迪达斯以巴萨球衣的主色调作为设计灵感，推出了全球限量370双的特别版。这370双球鞋都被赋予了独立编号，代表着梅西的每一个俱乐部进球。

12 Adizero f50 Messi 2014

2014年初，阿迪达斯推出了以巴西桑巴色彩作为灵感，球鞋以纯白作为底色，配以5种色彩混合，寓意来自各方的对于梅西的支持与力量汇合于此，颇有众星捧月的意味。梅西穿着这双战靴在英国的土地上攻入曼城一球，并在西班牙国家德比中上演"帽子戏法"。

13 Adizero f50 Messi "Fighting saint boots"

这是阿迪达斯为梅西征战巴西世界杯而特别制作的战靴，区别于其他球员的是，梅西专属版拥有特殊的图案以及"阿根廷蓝"。梅西在阿根廷对阵波黑的首场比赛中就斩获1粒进球，帮助球队以2比1战胜对手。

14 Adizero F50 Messi Birthday

梅西在2014年巴西世界杯期间度过了自己的27岁生日，阿迪达斯为他送上了特殊的礼物——斗战圣靴。这款特别版仅制作了27双，代表着梅西成长的每一年。遗憾的是，这款战靴不对外发售，梅西也仅在训练中穿过一次。

15 Adizero f50 Messi Blaugrana

这个配色的梅西专属版只为欧冠赛事准备，球鞋上的四种颜色设计灵感来自巴萨体系。这款战靴见证了梅西超越劳尔成为欧冠历史最佳射手。

16 Adizero F50 Messi Neon orange

阿迪达斯将梅西在俱乐部所取得的成就以文字暗纹的形式放于战靴之上，鞋垫上更是别出心裁地印上“Mes Que Un Botin”（不只是一双球鞋）口号，设计灵感显然来自巴萨的座右铭“Més que un club（不只是一家俱乐部）”。梅西穿着这双战靴继续着他的创纪录之路，其中就包括梅西在西甲达到惊人的 251 粒进球。

17 Adizero f50 Messi Mirosar10

这是阿迪达斯在 2014 年为梅西设计的最后一款专属球鞋，配色的设计灵感来自梅西儿时在故乡罗萨里奥参加第一场 11 人比赛时两队的球衣颜色。更特别的是鞋垫上印有一个废置军事基地的地图，那是梅西儿时和小伙伴经常踢野球的场地。

18 Adizero f50 Messi Pibe de Barr10

战靴名为 Pibe de Barr10，由梅西故乡罗萨里奥的艺术家伊格纳西奥·瓦伦操刀，将梅西童年时期经常玩耍的街道的涂鸦融入到球鞋上，那里是梅西从邻家男孩成长为世界球星的起点。

19 Messi 15.1 "Ⅰ"

2015 年 5 月底，阿迪达斯用 ACE 和 X 两大系列取代之前的 Predator、F50、11Pro、Nitrocharge 四大系列，并单独为梅西推出了全新 Messi 系列战靴。球鞋采用了金属蓝作为主色调，点缀黑色和黄色，彰显王者气质，而梅西的专属标志出现在后跟外侧以及前掌中央的鞋钉之上。全新超软超纤与织物网布的搭配，并带有凹纹摩擦，鞋身中后部设置了支撑骨架，而大底设计完全根据梅西的个人喜好而来。

20 Messi 15.1 "Ⅱ"

2015 年 9 月，阿迪达斯为梅西推出了一款以阿根廷国旗为配色灵感的 Messi15.1 足球鞋。新配色的 Messi15.1 鞋面大部分都是白色，仅在鞋面的 Messi FRAME 的后跟支持以及鞋底骨架上使用蓝色。

21 Messi 10/10

2015 年 10 月 10 日，为了庆祝重新定义足球场上“10 号”的这位天才的成就，阿迪达斯再次为世界足球先生梅西推出全球限量 100 双的足球鞋。每一双“Messi 10/10”都是梅西本人穿着的 US8 1/2 码（JP265），并且每一双球鞋都附带一个皮质的限量数字标签。后跟金色的“10 号”代表梅西的球衣号码，而鞋头部分则用黑色印花工艺印制上梅西的个人专属标识。

22 Messi 15.1

对于梅西而言，2015 年非比寻常。这一年里，他带领球队取得西甲联赛、国王杯、欧洲足联冠军联赛和欧洲足联超级杯联赛的冠军。11 月 17 日，阿迪达斯推出新配色的 Messi 15.1，为其传奇年份画上完美句号。黑色鞋面在 Messi FRAME 部位渐渐融入鞋领至鞋跟的日光红，代表着梅西投入每一场比赛和训练之中的热量与强度。

23 Messi 15 "PLATINUM"

2016 年 1 月，梅西第 5 次捧起了金球奖，证明了自己在世界足坛的统治地位，阿迪达斯也立即跟进推出了一款金球奖特制球鞋。球鞋以市售 Messi 15 为设计蓝本，鞋面采用珠光白阿根廷高级真皮制作，用纯金属铂金细节增强球鞋的视觉杀伤力。球鞋后跟部分的梅西 Logo 和阿迪达斯 Logo 都用

真实铂金制作，而后跟正中间纵向分布 4 颗金色圆点及一颗铂金色圆点，象征了梅西获得的 5 座金球奖。鞋垫上印制了一句西班牙语："El más grande de todos los tiempos！" 意为："Greatest all the time！" 球鞋鞋舌上，阿迪达斯使用了全息技术制作鞋舌 Logo，梅西的头像和阿迪达斯的 Logo 在不同视角下来回变换。

24 Messi 16

2016 年 5 月 20 日，阿迪达斯足球推出水银系列战靴。全新 Adidas Messi16+ Pureagility 来源于无休止的创新，在与梅西紧密合作的基础上最终完成，球鞋的每一个部件都是以梅西的踢球风格和他征服赛场的敏捷动作而设计。

25 Adidas Messi 16.1 "10/10"

此款鞋在配色上大胆地采用了大面积的绿色，并从鞋面

开始向鞋跟渐变成黑紫色。而之所以在鞋面采用绿色其灵感来源于超人克星——Kryptonite 氪石！鞋面通过颜色渐变的手法展现出来如同稀有金属一般的光泽，电镀大底更是画龙点睛，让整款球鞋看起来更像是外太空的产物。在后跟的位置，作为超限量款还特别标注 10/10 的标志。限量 100 双的 Messi 10/10 的每一双球鞋都有自己独一无二的吊牌，在提升收藏价值的同时也让每一个可以有幸获得这款球鞋的玩家得到一种被认同感。

26 Adidas Messi 16.1 Spacedust

Adidas Messi16.1 球鞋的黑绿配色设计大胆而抢眼，该配色将装备阿根廷球王以及以他命名的"梅西战队"，球鞋于 2016 年 10 月推出。这款鞋被命名为"Spacedust"（宇宙尘埃），它是 Messi16.1 的第三款配色，使用了从鞋面灰色过渡到鞋底绿色的渐变效果。而鞋后跟的阿迪达斯三道杠标志则为金属银色。鞋身上的其他商标，如脚后跟处的 Adidas Performance 标志，为绿色。鞋身的灰色上亦有着绿色暗纹，至于鞋底则是完全的绿色。从技术上说，它使用了编织的 Agilityknit 鞋面以及传统低帮设计。

27 Nemeziz Messi 17

全新的Nemeziz 17梅西专属球鞋采用了浅蓝色搭配白色，虽然官方没有宣称这是海啸套装的一部分，但是这个配色很明显有着大海的基因，就像浅蓝的海水加上白色的沙滩，给人轻松愉悦的视觉感受。蓝白相间的外观清新脱俗，梅西本人已经在国家队比赛中穿着这款球鞋。

28 Nemeziz Messi 17+ 360Agility

2017年6月29日，阿迪达斯发布了最新款球鞋，这款战靴的鞋身以黑色为主，无论是鞋底还是一直到绷带部位都使用了黑色的配色。在周身黑色的映衬下，Messi的字样和专属logo都因为太阳黄的强烈对比而显得异常明显。三道杠使用了白色的配色，也是对球鞋本身最好的广告宣传。这就是这款耀眼的沙暴配色的设计。和之前的鞋款不同的是，此鞋采用了无鞋带设计，为的是更好锁定球员的脚踝部位，使得球鞋可以更好的辅助球员进球。

29 Nemeziz Messi 17+ 360Agility II

凭借着梅西的“帽子戏法”，阿根廷成功进军2018俄罗斯世界杯。为了表达对梅西的敬意，阿迪达斯也推出全新配色的战靴。此鞋是“Pyro Storm”火焰风暴配色的变种。它结合了全白色的鞋面，加入了对比明显的黑色Messi字样，体现出专属足球鞋的高贵。橙色的三道杠正式火焰风暴系列中主打的配色。

30 Nemeziz Messi 18

这款球鞋主体采用亮眼的荧光绿，并搭配黑色作为装饰，此鞋延续了阿迪的配色风格。这双鞋同样采用了上一代的条纹鞋面设计，只不过“Z”字形图案在新款球鞋上被设计得更加富于变化。从性能上看，此鞋与Nemeziz 17相比，变化不大。作为阿迪达斯2018世界杯“能量模式”系列中的一部分，Nemeziz Messi 18球鞋于6月份，在世界杯期间里发布。

梅西数据榜

梅西俱乐部职业生涯数据榜

赛季	球队	西甲联赛	国王杯	西班牙超级杯	欧冠联赛	欧洲超级杯	世俱杯	场均
		出场/进球/助攻	出场/进球/助攻	出场/进球/助攻	出场/进球/助攻	出场/进球/助攻	出场/进球/助攻	
2004/2005	巴萨	7/1/2	1/0/0	——	1/0/0	——	——	0.11
2005/2006	巴萨	17/6/2	2/1/1	——	6/1/1	——	——	0.32
2006/2007	巴萨	26/14/2	2/2/0	2/0/0	5/1/0	1/0/0	——	0.47
2007/2008	巴萨	28/10/12	3/0/0	——	9/6/1	——	——	0.40
2008/2009	巴萨	31/23/11	8/6/1	——	12/9/5	——	——	0.75
2009/2010	巴萨	35/34/9	3/1/0	1/2/0	11/8/0	1/0/1	2/2/0	0.89
2010/2011	巴萨	33/31/18	7/7/3	2/3/0	13/12/3	——	——	0.96
2011/2012	巴萨	37/50/16	7/3/3	2/3/2	11/14/5	1/1/1	2/2/1	1.22
2012/2013	巴萨	32/46/12	5/4/1	2/2/0	11/8/2	——	——	1.20
2013/2014	巴萨	31/28/11	6/5/3	2/0/0	7/8/0	——	——	0.89
2014/2015	巴萨	38/43/18	6/5/4	——	13/10/5	——	——	1.02
2015/2016	巴萨	33/26/16	5/5/6	2/1/0	7/6/1	1/2/0	1/1/0	0.84
2016/2017	巴萨	34/37/9	7/5/3	2/1/2	9/11/2	——	——	1.04
2017/2018	巴萨	36/34/12	6/4/4	2/1/0	10/6/2	——	——	0.83
2018/2019	巴萨	10/9/5	——	1/0/1	2/5/0	——	——	1.00
生涯汇总		**428/392/154**	**68/48/29**	**18/13/5**	**127/105/27**	**4/3/2**	**5/5/1**	**0.85**

注：此数据不包含任何友谊赛 / 所有数据截止到 2018 年 11 月 15 日。

梅西国家队职业生涯数据榜

年份	球队	世界杯	世界杯预选赛	美洲杯	南美锦标赛	世青赛	奥运会	友谊赛	场均
		出场/进球/助攻	出场/进球/助攻	出场/进球/助攻	出场/进球/助攻	出场/进球/助攻	出场/进球/助攻	出场/进球/助攻	
2004 年	U-20	——	——	——	——	——	——	2/3/3	1.50
2005 年	U-20	——	——	——	9/5/1	7/6/2	——	——	0.69
2005 年	阿根廷	——	3/0/0	——	——	——	——	2/0/1	0.00
2006 年	阿根廷	3/1/1	——	——	——	——	——	4/1/1	0.29
2007 年	阿根廷	——	4/2/1	6/2/1	——	——	——	4/2/2	0.43
2008 年	U-23	——	——	——	——	——	5/2/3	——	0.40
2008 年	阿根廷	——	6/1/1	——	——	——	——	2/1/1	0.25
2009 年	阿根廷	——	8/1/1	——	——	——	——	2/2/0	0.30
2010 年	阿根廷	5/0/1	——	——	——	——	——	5/2/0	0.20
2011 年	阿根廷	——	4/2/1	4/0/3	——	——	——	5/2/5	0.31
2012 年	阿根廷	——	5/5/1	——	——	——	——	4/7/0	1.33
2013 年	阿根廷	——	5/3/3	——	——	——	——	2/3/1	0.86
2014 年	阿根廷	7/4/1	——	——	——	——	——	7/4/2	0.57
2015 年	阿根廷	——	——	6/1/3	——	——	——	2/3/0	0.50
2016 年	阿根廷	——	5/3/2	5/5/4	——	——	——	1/0/0	0.73
2017 年	阿根廷	——	5/4/0	——	——	——	——	2/0/0	0.57
2018 年	阿根廷	4/1/2	——	——	——	——	——	1/3/1	0.80
生涯汇总		**19/6/5**	**45/21/10**	**21/8/11**	**9/5/1**	**7/6/2**	**5/2/3**	**45/33/17**	**0.54**

梅西俱乐部各级别梯队数据榜

年份	球队	出场	进球	场均
1994 年	纽维尔老男孩	29	40	1.38
1995 年	纽维尔老男孩	30	36	1.20
1996 年	纽维尔老男孩	27	36	1.33
1997 年	纽维尔老男孩	36	40	1.11
1998 年	纽维尔老男孩	25	27	1.08
1999 年	纽维尔老男孩	29	55	1.90

赛季	球队	出场	进球	场均
2001/2002	巴塞罗那幼年	16	22	1.37
2002/2003	巴塞罗那少年	30	37	1.23
2003/2004	巴塞罗那青年	28	35	1.25
2003/2004	巴塞罗那C	10	5	0.50
2003/2004	巴塞罗那B	6	0	0.00
2004/2005	巴塞罗那B	17	6	0.35

梅西赛事进球榜

巴萨俱乐部历史总进球榜

排名	球员	进球	出场	场均
1	里奥·梅西	564	649	0.87
2	塞萨尔·罗德里格斯	232	351	0.66
3	保利诺·阿尔坎塔拉	200	369	0.54
4	拉迪斯劳·库巴拉	194	280	0.69
5	何塞·萨米提尔	184	333	0.55

阿根廷国家队历史总进球榜

排名	球员	进球	出场	场均
1	里奥·梅西	65	128	0.51
2	加布里埃尔·巴蒂斯图塔	54	77	0.70
3	塞尔吉奥·阿奎罗	39	89	0.44
4	埃尔南·克雷斯波	35	64	0.55
5	迭戈·马拉多纳	34	91	0.37

西甲联赛历史总进球榜

排名	球员	进球	出场	场均
1	里奥·梅西	390	427	0.91
2	克里斯蒂亚诺·罗纳尔多	311	292	1.07
3	特尔莫·萨拉	251	278	0.90
4	乌戈·桑切斯	234	347	0.67
5	劳尔·冈萨雷斯	228	550	0.41

西班牙超级杯历史总进球榜

排名	球员	进球	出场	场均
1	里奥·梅西	13	18	0.72
2	劳尔·冈萨雷斯	7	12	0.58
3	赫里斯托·斯托伊奇科夫	6	10	0.60
4	提克希奇·贝吉里斯坦	6	12	0.50
5	弗雷德里克·卡努特	5	2	2.50

欧洲冠军联赛历史总进球榜

排名	球员	进球	出场	场均
1	克里斯蒂亚诺·罗纳尔多	121	158	0.71
2	里奥·梅西	105	127	0.82
3	劳尔·冈萨雷斯	71	142	0.50
4	范尼斯特鲁伊	56	73	0.77
5	卡里姆·本泽马	56	106	0.53

梅西其他数据榜

俱乐部数据

总出场 641 场	**总进球** 564 球	**总助攻** 215 次
胜利场次 455 场	**左脚进球** 460 球	**射正比率** 0.87
打平场次 115 场	**右脚进球** 79 球	**进球比率** 1.15 球
失利场次 71 场	**点球进球** 65 球	

●点球进球包含点球大战

国家队数据

总出场 128 场	**总进球** 65 球	**总助攻** 40 次
胜利场次 77 场	**左脚进球** 59 球	**射正比率** 0.51
打平场次 28 场	**右脚进球** 4 球	**进球比率** 1.96 球
失利场次 23 场	**点球进球** 13 球	

●点球进球包含点球大战

巴萨球员西甲联赛进球纪录榜（前十名）

排名	姓名	国籍	效力年份	进球
1	里奥·梅西	阿根廷	2004 年至今	391
2	塞萨尔·罗德里格斯	西班牙	1942—1955	190
3	拉迪斯劳·库巴拉	匈牙利	1950—1961	131
4	路易斯·苏亚雷斯	乌拉圭	2014 年至今	116
5	萨穆埃尔·埃托奥	喀麦隆	2004—2009	108
6	马里亚诺·马丁	西班牙	1940—1948	97
7	何塞普·埃斯科拉	西班牙	1934-1937/1940-1948	93
8	帕特里克·克鲁伊维特	荷　兰	1998—2004	90
9	埃斯坦尼斯劳·巴索拉	西班牙	1946—1958	89
10	里瓦尔多	巴　西	1997—2002	86

西甲联赛进球纪录榜（前十名）

排名	姓名	国籍	效力年份	进球
1	里奥·梅西	阿根廷	2004 年至今	390
2	克里斯蒂亚诺·罗纳尔多	葡萄牙	2009—2018	311
3	特尔莫·萨拉	西班牙	1940—1955	251
4	乌戈·桑切斯	墨西哥	1981—1994	234
5	劳尔·冈萨雷斯	西班牙	1994—2010	228
6	迪·斯蒂法诺	阿根廷	1953—1966	227
7	塞萨尔·罗德里格斯	西班牙	1939—1955	223
8	奎尼	西班牙	1970—1987	219
9	帕希诺	西班牙	1943—1956	210
10	埃德蒙多·苏亚雷斯	西班牙	1939—1950	195

西甲联赛帽子戏法纪录榜（前十名）

排名	姓名	国籍	效力年份	次数
1	克里斯蒂亚诺·罗纳尔多	葡萄牙	2009—2018	34
2	里奥·梅西	阿根廷	2004 年至今	30
3	特尔莫·萨拉	西班牙	1940—1955	23
4	迪·斯蒂法诺	阿根廷	1953—1966	22
5	埃德蒙多·苏亚雷斯	西班牙	1939—1950	19
6	塞萨尔·罗德里格斯	西班牙	1939—1955	15
7	伊西德罗·兰加拉	西班牙	1930—1936/1946—1948	13
8	费伦茨·普斯卡斯	匈牙利	1958—1966	12
9	拉迪斯劳·库巴拉	匈牙利	1951—1961	11
10	帕希诺	西班牙	1943—1956	11

欧冠联赛帽子戏法纪录榜（前十名）

排名	姓名	国籍	次数	出场
1	里奥·梅西	阿根廷	8	127
2	克里斯蒂亚诺·罗纳尔多	葡萄牙	7	158
3	马里奥·戈麦斯	德国	3	44
4	菲利普·因扎吉	意大利	3	81
5	路易斯·阿德里亚诺	巴西	3	75
6	塞尔吉·奥阿奎罗	阿根廷	2	158
7	罗伯特·莱万多夫斯基	波兰	2	73

巴萨西甲出场纪录榜（前十名）

排名	姓名	位置	效力年份	出场
1	哈维	中场	1998—2015	505
2	安德雷斯·伊涅斯塔	中场	2002—2018	442
3	里奥·梅西	前锋	2004 年至今	427
4	卡尔斯·普约尔	后卫	1999—2014	392
5	米盖利·贝尔纳多	后卫	1973—1988	391
6	维克托·巴尔德斯	门将	2002—2014	387
7	卡雷斯·雷克萨奇	边锋	1965—1981	328
8	塞尔吉奥·布斯克茨	中场	2008 年至今	315
9	吉列尔莫·阿莫尔	中场	1988—1998	311
10	杰拉德·皮克	后卫	2008 年至今	280

现役球员代表同一俱乐部总出场榜（限欧洲球员）

排名	姓名	俱乐部	效力年份	出场
1	里奥·梅西	巴萨	2004 年至今	649
2	丹尼斯·德罗西	罗马	2001 年至今	603
3	伊戈尔·阿金费耶夫	中央陆军	2003 年至今	579
4	塞尔吉奥·布斯克茨	巴萨	2008 年至今	496
5	科林·科茨	十字军	2002 年至今	490
6	托马斯·穆勒	拜仁	2008 年至今	454
7	安德鲁·康西丁	阿伯丁	2004 年至今	436
8	克里斯托·坡亚缇斯	拿斯	1995 年至今	416
9	斯蒂芬·拉斯穆森	奥胡斯	2001 年至今	404
10	大卫·齐朋	卢塞恩	2003 年至今	386

梅西纪录榜

个人纪录统计

- 获得金球奖最多的球员：5 次（2009 年、2010 年、2011 年、2012 年和 2015 年/ 与 C 罗并列第一）
- 自然年各项赛事（包含俱乐部和国家队）进球最多的球员：2012 年，69 场比赛里共打进 91 球（59 粒西甲联赛进球、13 粒欧冠联赛进球、5 粒西班牙国王杯进球、2 粒西班牙超级杯进球和 12 粒国家队进球）
- 单赛季进球最多的球员：2011/2012 赛季 [69 场进 82 球（包含俱乐部和国家队）]
- 单赛季代表俱乐部进球最多的球员：2011/2012 赛季 [60 场进 73 球（50 粒西甲联赛进球、14 粒欧冠联赛进球、3 粒西班牙国王杯进球、3 粒西班牙超级杯进球、1 粒欧洲超级杯进球和 2 粒世俱杯进球）]
- 历史首位获得 5 次金靴奖的球员：2010 年、2012 年、2013 年、2017 年和 2018 年
- 各项赛事（包含俱乐部和国家队）助攻最多的球员：255 次（769 场比赛）
- 世界足坛首位在同一俱乐部的国际赛事中打进 100 粒进球的球员：2016/2017 赛季
- 欧洲为同一俱乐部进球最多的球员：564 球（649 场）
- 赛事连续进球且每场比赛至少打进 1 粒进球：连续 21 场比赛打进 34 球（2012/2013 赛季）
- 欧冠联赛小组赛进球最多的球员：65 球
- 欧冠联赛淘汰赛进球最多的球员：24 球
- 欧冠联赛淘汰赛单场进球最多的球员：5 球 [2012 年 3 月 7 日，7 比 1 胜勒沃库森（与路易斯·阿德里亚诺并列最多）]
- 欧冠联赛上演"帽子戏法"最多的球员：8 次（2009/2010 赛季 1 次、2011/2012 赛季 2 次、2013/2014 赛季 1 次、2014/2015 赛季 1 次、2016/2017 赛季 2 次、2018/2019 赛季 1 次）
- 欧洲各大联赛中进球最多的球员：390 球（西甲联赛）
- 金靴奖中进球最多的球员：50 球（2011/2012 赛季）
- 金靴奖得分最多的球员：100 分（2011/2012 赛季）
- 对阵英超球队进球最多的球员：22 球（阿森纳 9 球、曼城 6 球、曼联 2 球、切尔西 3 球和热刺 2 球）
- 美洲杯历史助攻最多的球员：11 次（2007 年 1 次、2011 年 3 次、2015 年 3 次和 2016 年 4 次）
- 美洲杯历史替补上场并最快完成"帽子戏法"的球员：19 分钟（2016 年 6 月 10 日，5 比 0 战胜巴拿马。梅西第 61 分钟替补上场，分别在 68 分钟、78 分钟和 87 分钟完成进球）

梅西纪录榜

俱乐部纪录统计

- 各项赛事进球最多的球员：564 球（649 场）
- 各项赛事助攻最多的球员：218 次（649 场）
- 西甲联赛进球最多的球员：390 球（427 场）
- 西甲联赛助攻最多的球员：154 次（427 场）
- 西甲联赛主场进球最多的球员：227 球（214 场）
- 西甲联赛客场进球最多的球员：163 球（213 场）
- 自然年西甲联赛进球最多的球员：59 球（2012 年）
- 单赛季西甲联赛进球最多的球员：50 球 [37 场（2011/2012 赛季）]
- 西甲联赛首位进球达到 300 球的球员：334 场（2016 年 2 月 17 日）
- 为西班牙同一俱乐部效力并进球达到 400 球球员：2014/2015 赛季（正式比赛进 372 球、友谊赛进 28 球）
- 为西班牙同一俱乐部效力并进球达到 500 球球员：2016/2017 赛季（546 场正式比赛进 469 球、47 场友谊赛进 31 球）
- 首位在西甲联赛进球达到 200 场的球员：2016/2017 赛季
- 首位在西甲联赛出场达到 200 场的最年轻球员：24 岁 7 个月零 25 天（2011/2012 赛季）
- 西甲联赛进球达到 200 球的最年轻球员：25 岁零 217 天（2012/2013 赛季）
- 西甲联赛单赛季场均进球率最高的球员：1.61 个（2011/2012 赛季，31 场比赛打进 50 球）
- 面对西班牙球队进球最多的球队：塞维利亚（31 球）
- 西甲联赛上演“帽子戏法”最多的球员：30 次
- 西甲联赛打进对手最多的球队：塞维利亚（24 球）
- “国家德比”进球最多的球员：38 场进 26 球（联赛 18 球、西班牙超级杯 6 球和欧冠联赛 2 球）
- “国家德比”上演“帽子戏法”最多的球员：2 次（2006/2007 赛季 1 场、2013/2014 赛季 1 场）
- “国家德比”助攻最多的球员：14 次
- 在伯纳乌进球最多的球员：15 球（联赛 11 球、西班牙超级杯 2 球和欧冠联赛 2 球）
- “加泰罗尼亚德比”进球最多的球员：21 球
- 西班牙超级杯进球最多的球员：13 球
- 西班牙超级杯出场最多的球员：18 场
- 西班牙超级杯获胜场次最多的球员：9 场
- 西班牙超级杯获连续每届进球的球员：4 届（2009 年、2010 年、2011 年和 2012 年）
- 西甲联赛面对不同对手进球最多的球员：截止 2018/2019 赛季（共面对 37 支不同球队均斩获进球）
- 唯一一位在西甲联赛连续赛季进球超过 30 球的球员：7 个赛季（2009/2010 赛季 34 球、2010/2011 赛季 31 球、2011/2012 赛季 50 球、2012/2013 赛季 46 球、2014/2015 赛季 43 球、2016/2017 赛季 37 球和 2017/2018 赛季 34 球）
- 西班牙唯一连续赛季各项赛事进球超过 40 球的球员：9 个赛季（2009/2010 赛季 47 球、2010/2011 赛季 53 球），（2011/2012 赛季 73 球、2012/2013 赛季 60 球、2013/2014 赛季 41 球、2014/2015 赛季 58 球、2015/2016 赛季 41 球、2016/2017 赛季 54 球和 2017/2018 赛季 45 球）
- 巴萨主场进球最多的球员：324 球 [313 场（联赛 214 场进 227 球、国王杯 34 场进 31 球、西班牙超级杯 9 场进 11 球、欧冠联赛 59 场进 59 球）]
- 单赛季助攻最多的球员：29 次（2011/2012 赛季）

国家队纪录统计

- 历史进球最多的球员：65 球（128 场）
- 历史助攻最多的球员：40 次（128 场）
- 以国家队队长身份进球最多的球员：48 球（67 场）
- 以国家队队长身份出场最多的球员：67 场
- 世界杯预选赛进球最多的球员：21 球
- 参加世界杯次数最多的球员：4 届 [2006 年、2010 年、2014 年和 2018 年（与马斯切拉诺和马拉多纳并列）]
- 自然年进球最多的球员：12 球 [9 场（与巴蒂斯图塔并列第一）]
- 上演“帽子戏法”最多的球员：5 次
- 任意球进球最多的球员：6 球（与里克尔梅并列第一）
- 世界杯进球最年轻球员：18 岁 11 个月零 23 天（2006 年 6 月 16 日，小组赛对阵塞黑队）

以上所有数据与纪录均截止到 2018年11月1日

梅西荣誉榜

个人奖项统计

- 金球奖：5 次（2009 年、2010 年、2011 年、2012 年和 2015 年）
- 世界足球先生：1 次（2009 年）
- 世界杯金球奖：1 次（2014 年）
- 阿根廷年度足球先生：11 次（2005 年、2007 年、2008 年、2009 年、2010 年、2011 年、2012 年、2013 年、2015 年、2016 年和 2017 年）
- 欧洲金童奖：1 次（2005 年）
- 世俱杯金球奖：2 次（2009 年、2011 年）
- 世俱杯决赛最佳球员：2 次（2009 年、2011 年）
- 欧洲最佳球员：2 次（2010/2011 赛季、2014/2015 赛季）
- 欧足联俱乐部最佳前锋：1 次（2008/2009 赛季）
- 欧足联俱乐部年度最佳球员：1 次（2008/2009 赛季）
- 环球足球年度最佳球员：1 次（2015 年）
- 美洲杯最佳年轻球员：1 次（2007 年）
- 美洲杯最佳球员：1 次（2015 年）
- 西甲最佳球员：8 次（2008/2009 赛季、2009/2010 赛季、2010/2011 赛季、2011/2012 赛季、2012/2013 赛季、2014/2015 赛季、2016/2017 赛季和 2017/2018 赛季）
- 西甲最佳前锋：9 次（2008/2009 赛季、2009/2010 赛季、2010/2011 赛季、2011/2012 赛季、2012/2013 赛季、2014/2015 赛季、2015/2016 赛季、2016/2017 赛季和 2017/2018 赛季）
- 西甲联赛月度最佳球员：3 次（2016 年 1 月、2017 年 4 月、2018 年 4 月）
- 欧洲金靴奖：5 次（2010 年、2012 年、2013 年、2017 年和 2018 年）
- 世青赛金球奖：1 次（2005 年）
- 世青赛金靴奖：1 次（2005 年）
- 欧冠联赛最佳射手：5 次（2008/2009 赛季、2009/2010 赛季、2010/2011 赛季、2011/2012 赛季和 2014/2015 赛季）
- 欧冠联赛助攻王：2 次（2011/2012 赛季、2014/2015 赛季）
- 西甲联赛最佳射手：5 次（2009/2010 赛季、2011/2012 赛季、2012/2013 赛季、2016/2017 赛季和 2017/2018 赛季）
- 西甲联赛助攻王：4 次（2010/2011 赛季、2014/2015 赛季、2015/2016 赛季和 2017/2018 赛季）
- 西班牙国王杯最佳射手：5 次（2008/2009 赛季、2010/2011 赛季、2013/2014 赛季、2015/2016 赛季和 2016/2017 赛季）
- 西班牙国王杯助攻王：2 次（2016/2017 赛季、2017/2018 赛季）
- 世俱杯最佳射手：1 次（2011 年）
- 入选西甲联赛最佳阵容：2 次（2014/2015 赛季、2015/2016 赛季）
- 入选欧冠联赛最佳阵容：5 次（2013/2014 赛季、2014/2015 赛季、2015/2016 赛季、2016/2017 赛季、2017/2018 赛季）
- 入选欧洲最佳阵容：3 次（2006/2007 赛季、2014/2015 赛季和 2015/2016 赛季）
- 入选欧洲足联年度最佳阵容：3 次（2008 年、2009 年、2010 年、2011 年、2012 年、2014 年、2015 年、2016 年和 2017 年）
- 入选世界杯最佳阵容：1 次（2014 年）

俱乐部奖项统计

巴萨

- 西甲联赛冠军：9 次（2004/2005 赛季、2005/2006 赛季、2008/2009 赛季、2009/2010 赛季、2010/2011 赛季、2012/2013 赛季、2014/2015 赛季、2015/2016 赛季、2017/2018 赛季）
- 国王杯冠军：6 次（2008/2009 赛季、2011/2012 赛季、2014/2015 赛季、2015/2016 赛季、2016/2017 赛季、2017/2018 赛季）
- 西班牙超级杯冠军：8 次（2005 年、2006 年、2009 年、2010 年、2011 年、2013 年、2016 年、2018 年）
- 欧冠联赛冠军：4 次（2005/2006 赛季、2008/2009 赛季、2010/2011 赛季、2014/2015 赛季）
- 欧洲超级杯冠军：3 次（2009 年、2011 年、2015 年）
- 世俱杯冠军：3 次（2009 年、2011 年、2015 年）

国家队奖项统计

- 世青赛冠军：1 次（2005 年）
- 奥运男足金牌：1 次（2008 年）
- 世界杯亚军：1 次（2014 年）
- 美洲杯亚军：3 次（2007 年、2015 年、2016 年）

- 里奥・梅西 / Lionel Messi
- 绰号：小跳蚤
- 国籍：阿根廷
- 出生地：罗萨里奥
- 位置：前锋 / 边锋
- 生日：1987 年 6 月 24 日
- 身高：1.70 米
- 号码：10
- 俱乐部：巴塞罗那

●**米歇尔（西班牙足球名宿）**：我曾和马拉多纳踢过比赛，我在梅西身上看见的此前从未在任何人身上看到过。

●**马斯切拉诺（阿根廷国脚）**：梅西是阿根廷历史上最棒的球员。

●**德尔·博斯克（前西班牙主帅）**：梅西是最棒的，就连马拉多纳都没法像他那样快速盘带，一瞬间就过掉了防守球员。

●**亚历克斯·弗格森（前曼联主帅）**：梅西肯定是和马拉多纳还有贝利在一个档次上，都是历史上最优秀的球员。

●**胡里奥·格隆多纳（阿根廷足协主席）**：要我说，贝利有他的时代，马拉多纳有他的时代，梅西正拥有自己的时代。

●**瓜迪奥拉（曼城主帅）**：未来我会很骄傲地对我的孙辈们说，我曾经执教过梅西。

●**比安奇（阿根廷足坛名帅）**：有个巴西朋友问我谁是足坛史上最佳球员，是马拉多纳还是贝利，我告诉他我非常尊敬这两位球王，但在我看来他们已经被超越了，取代他们的就是梅西。

●**马拉多纳（阿根廷传奇球星）**：我告诉过里奥，我的事业是已经完成了的。梅西现在正处于最高的水准当中，他是世界最佳，是巴萨的当家球星，他在跟上帝一起踢球。

●**贝克汉姆（前英格兰传奇球星）**：在一个如此“瘦小”的球员身上竟然蕴藏了这么多的天赋，实在是令人起敬。